GOTTFRIED RICHTER · CHARTRES

GOTTFRIED RICHTER

CHARTRES

DIE HERRLICHKEIT DER KATHEDRALE

URACHHAUS

ISBN 3 87838 204 9

Vierte Auflage 14.-18. Tausend. Einband Walter Krafft.
Satz und Druck der Offizin Chr. Scheufele, Stuttgart.

VORWORT ZUR VIERTEN AUFLAGE

Chartres ist heute wieder wie einst das Ziel unzähliger Scharen von Menschen. Mag, was sie dorthin führt und was sie sich erwarten, auch von verschiedener Art sein – es wird immer nur wenige geben, die nicht über alle ihre Erwartungen hinaus von dem Wunder dieser Kathedrale berührt werden, mancher vielleicht nur angeweht von dem Hauch eines Staunens, mancher aufs tiefste ergriffen. Es ist einer der Orte, wo die Sehnsucht des Menschen, über sich selbst hinauszuwachsen, als das ihm Eigenste sich dokumentiert, vielleicht darf man sogar sagen: sich erfüllt hat.

In jeder Kunstgeschichte kann man finden, daß Chartres die erste »klassische« gotische Kathedrale ist. Das bedeutet natürlich nicht, daß hier das Original ist, von dem gewissermaßen die späteren »abgeschrieben« oder das sie mehr oder minder glücklich variiert hätten. Es bedeutet aber, daß hier jedenfalls in einer schöpferischen Leistung erster Ordnung Menschen den »neuen« Empfindungen und Erlebnissen jener Epoche, die wir die gotische nennen, zur Gestaltwerdung halfen. Denn so muß man sich das doch vorstellen: daß Menschen plötzlich in den überlieferten Bauformen nicht mehr recht atmen konnten wie in alten Kleidern, denen einer entwachsen ist. Was für Formen aber sind nun die »rechten«? Was für ein Gefüge wird dem neuen Wachstum gerecht? – Diesen Vorgängen nachzuspüren, ist die erste Aufgabe, die ich mir in dieser Arbeit (vor allem im zweiten Kapitel) gestellt habe.

Dazu kommt als Zweites: Seit den Arbeiten von Emile Mâle, also seit fast einem Jahrhundert, weiß die kunsthistorische Forschung die unzähligen Gestalten, die die mittelalterlichen Kirchen, vor allem an ihren Portalen bevölkern, zu deuten. Genauer gesagt: man weiß sie mit Namen zu nennen und in die dogmatisch-theologischen Vorstellungen ihrer Epoche einzuordnen. Damit hat man etwas geleistet, was etwa dem entspricht, daß man die Buchstaben einer alten seltsamen Schrift entziffert. Aber man hat sich eigentlich nie – jedenfalls nicht in genügendem Maße – daran gemacht, nun auch den ganzen Text, der in der Versammlung und Anordnung bestimmter Gestalten an einem Portal oder einem Portalsystem gegeben ist, zu lesen und in unsere Sprache zu übersetzen, nämlich über das Theologisch-Dogmatische hinaus nach seiner menschlichen Wahrheit zu fragen. Die muß aber doch irgendwie auf dem Grunde dieser Vorstellungen liegen; wie hätten sonst aus ihnen Werke entstehen können, die uns so unmittelbar menschlich ergreifen?

Nun gibt es freilich wohl keinen anderen Ort, wo dieser Text in so überwältigender Klarheit zu lesen ist, wie gerade Chartres. Das gehört mit zu seinen Besonderheiten, daß hier gewissermaßen der Urtext in seiner ganzen Größe und in voller Reinheit in Erscheinung tritt. Hier wurde er nicht wie sonst fast überall durch irgendwelche Sonderwünsche – etwa die Verehrung eines bestimmten Heiligen – oder, wie wiederum vielerorts dadurch, daß die Verfasser nicht auf der entsprechenden menschlichen Höhe standen, gestört. West-, Nord- und Südportal stehen unter *einer* großen Idee.

Das ist der zweite große schöpferische Akt, der sich beim Bau dieser Kathedrale mit dem eben geschilderten ersten verband. Und dieses, wenn man es mit dem Fachausdruck so bezeichnen will »ikonographische« Problem, ist das Zweite, was ich in dieser Arbeit (vor allem im dritten und vierten Kapitel) weiterzuführen gesucht habe.

Dieses eigentliche Weisheits-Element aber scheint mir in Zusammenhang zu stehen mit einer dritten Eigentümlichkeit von Chartres, die ebenfalls seit langem bekannt ist, wenn auch bestimmte Kreise sie zu bagatellisieren versuchen: daß Chartres in einer ganz besonderen Weise aus einer uralten vorchristlichen Mysterienstätte hervorgewachsen ist.

Daß in den alten Mysterien eine hohe Weisheit gepflegt wurde, ist eine Erkenntnis, die sich heute immer mehr durchsetzt. Und wenn man diese Weisheit als etwas ansieht, was im tiefsten mit den Weisheiten und dem Wesen des Christentums zusammenhängt, so könnte man sich sogar auf Denker wie den großen Augustinus berufen, der auszusprechen wagte, daß solche Gestalten wie etwa Plato (der ja auch in dieser alten Mysterien-Tradition stand) schon Christen gewesen seien. Das innerste Streben aller Mysterien-Weisheit aber war immer, den Menschen als ein schöpferisches, als Geistwesen zu begreifen.

Diesen Zusammenhängen nachzugehen, ist die dritte Aufgabe, die ich mir – vor allem im ersten Kapitel – gestellt habe. Damit sind die drei Wurzeln genannt, aus denen die Größe und die Herrlichkeit der Kathedrale als die eingangs angesprochene Dokumentation des Menschen erwachsen ist.

Diesen Gedanken aber, daß Chartres einer der Orte ist, wo sich der Mensch als das Wesen dokumentiert, dessen tiefeigenste Sehnsucht es ist, über sich hinauszuwachsen, dürfte man so vielleicht nicht auszusprechen wagen, wenn ihn nicht – erstaunlicherweise – der Letzte der großen Lehrer der Schule von Chartres, Alanus ab Insulis gerade in der Zeit, da die Kathedrale emporzuwachsen begann, ausgesprochen hätte. In der 99. seiner »Theologicae Regulae« schreibt er:

»Bisweilen überschreitet der Mensch die Schwelle des Mensch-Seins, wenn er aufsteigt zum Schauen der himmlischen Wesen. Ein solches Aus-sich-Herausgehen wird Ekstase (extasis) oder Metamorphose (metamorphosis) genannt, weil der Mensch durch ein derartiges Aus-sich-Herausgehen den Stand oder die Form des eigenen Geistes bzw. des Individuell-Geistigen (propriae mentis) überschreitet. Daher wird dieses Herausgehen auch Apotheosis, soviel wie Vergöttlichung genannt. Diese tritt ein, wenn der Mensch zur Schau der göttlichen Wesenheiten verzückt wird (rapitur). Und dieses geschieht durch die Vermittlung jener Seelenkraft, die Intellectualitas heißt, durch die wir das Göttliche ergreifen. Durch sie wird der Mensch Gott (homo fit deus).«

(Zitiert nach der Übersetzung von Wilhelm Rath in der Einleitung zu »Alanua ab Insulis,

Der Anticlaudian oder Die Bücher von der himmlischen Erschaffung des Neuen Menschen« Stuttgart 1966. S.42)

Für die neue Auflage wurde der Text durchgesehen und wo nötig verbessert.

Dem Verlag ist zu danken für die reichere Ausstattung mit mehr und besseren Bildern.

Auf die farbige Wiedergabe der Glasfenster wurde auch diesmal – bis auf eine einzige Probe – wieder bewußt verzichtet, obwohl doch in ihnen das Wunder dieser Kathedrale am herrlichsten aufleuchtet. Aber jede, auch die beste Reproduktion ist notwendig eine Verfälschung, weil das Wesentliche ihrer Farbigkeit, die in dem durchscheinenden Licht immer neu und immer wieder anders entsteht, auf gar keine Weise wiederzugeben ist.

Ulm, im Sommer 1976 — Gottfried Richter

I. GESCHICHTE UND VORGESCHICHTE

Chartres ist sehr alt, viel älter, als es scheinen mag. Wohl wurde die Kathedrale, die jetzt seit 700 Jahren im wesentlichen unverletzt und unverändert dasteht, in der fast unbegreiflich kurzen Zeit von kaum mehr als 30 Jahren errichtet. Aber man wird ihre Herrlichkeit nie ganz verstehen, wenn man nicht sieht, daß sie nur die letzte reiche Blüte aus einem unsichtbaren Stamm ist, dessen Wachstum durch unausdenklich lange Zeiten geht und der, immer wieder verletzt und scheinbar vernichtet, dennoch immer wieder trieb und ausschlug. Denn daß die Kathedrale, die wir bewundern, sich wie ein Phönix leuchtend aus der Asche des Fulbertus-Baues erhob, war nur die letzte herrlichste Wiedergeburt, auf die sie ein Jahrtausend lang durch viele Zerstörungen immer wachsend zugegangen war. Durch ein Jahrtausend fast läßt sich zurückverfolgen, wie sie dem Wunder dieser Blüte entgegenwuchs. Dann verlieren sich die Wurzeln in einem Dunkel voller Geheimnisse, die man aber immer noch ahnen kann. Welch unendliche Kraft, daß jede Zerstörung immer nur die Möglichkeit zu neuer strahlender Größe wurde!

Von den frühesten Bauten wissen wir so gut wie nichts. Der erste mag spätestens um das Jahr 350 entstanden sein, wo ein erster Bischof – Adventus – genannt wird. Kriege und Feuersbrünste zerstörten immer wieder, was erbaut war, und immer wieder wurde neu errichtet, was untergegangen war.

Der erste Bau, von dem wir mehr wissen, weil man seine Fundamente gefunden hat, ist der um 960 unter dem Bischof Gislebertus entstandene. Er nutzte die bei der Eroberung durch die Normannen erfolgte Zerstörung der Stadtumwallung, an der er gelegen war, um über sie hinauszuwachsen, und blieb trotzdem noch sehr klein. Die Fundamente der Längswände und der halbrunden Apsis seines Chorumgangs liegen genau unter dem jetzigen Innenchor. Das Langhaus scheint etwa bis zur Mitte des jetzigen Querschiffs gereicht zu haben.

Ein Brand im Jahre 962 bedeutete wohl keine völlige Zerstörung und forderte nur Wiederherstellung.

1020 aber brach erneut eine Feuersbrunst aus, die diesen Bau vernichtete. Und jetzt entstand die Kathedrale, von deren Heranwachsen wir so ergreifende Berichte haben, der Bau des großen Fulbertus und seines Architekten Berengar, in der Länge und Breite schon fast die Ausmaße des jetzigen Baues erreichend.

Als dann am 10. Juni 1194, einem Freitag, das Feuer ausbrach, das diesen Bau des 11. Jahrhunderts vernichtete, war damit wieder nur eine Geburtsstunde, nun eben die der jetzigen

Kathedrale, angebrochen, die erneut über alles Bisherige hinauswuchs. Wenn diese das Schicksal hatte, nicht ganz so vollendet zu werden, wie sie geplant war, wenn hier und da Ansätze blieben, die das Veranlagte nicht aus sich heraustrieben, so gehört auch das zu ihr – so wie es zu einem großen Baum gehört, daß er die Wunden und Narben zeigt, die seine Bildekraft im Ringen mit den Mächten der Umwelt nicht mehr ganz auszuheilen vermochte.

Das druidische Heiligtum

Daß die Kathedrale von Chartres an der Stelle eines alten, vorchristlichen Heiligtums errichtet wurde, hat sie mit manchen Kirchen gemein. Daß aber das christliche Heiligtum die Tradition des vorchristlichen aufgreift und lebendig in sich bewahrt, das ist das Einzigartige von Chartres. Und es gibt, weit über das hinaus, was davon heute mehr oder minder klar im Bewußtsein der Menschen lebt, eine ganze Anzahl von Elementen, die von diesem ungebrochenen Weiterleben künden; einem Leben, dessen Wurzeln also bis in eine mehr als zweitausendjährige Vergangenheit zurückreichen. Ohne sie zu kennen, wird man die Herrlichkeit und den einzigartigen Glanz von Chartres nicht begreifen. Ist man aber bereit, sich auf diese Zusammenhänge einzulassen, so ergibt sich ein überraschend deutliches Bild von der im Bau und im Brauchtum der Kathedrale weiterlebenden großen Vergangenheit.

Eigentlich alle »Besonderheiten« von Chartres weisen auf diese zunächst sehr rätselvolle Welt zurück: die nicht östliche, sondern nordöstliche Orientierung der Kathedrale ebenso wie der durch alle Jahrhunderte streng eingehaltene Brauch, daß in ihr niemand bestattet werden darf, und eine ganze Anzahl kleinerer Eigenheiten. Am unmittelbarsten führt in jene Vergangenheit aber das zurück, was nun auch im Bewußtsein der Menschen das Bindeglied zu ihr darstellt: die alte Holzstatue der Jungfrau und der Heilige Brunnen.

Als eines der größten Heiligtümer und Ziel ungezählter Pilgerfahrten gilt heute wie durch alle Jahrhunderte hindurch die kleine Holzstatue der Jungfrau mit dem Kind in der Krypta (»Notre Dame de Soubs Terre«). Diese Statue soll Nachbildung und Ersatz sein für eine ältere, die in den Bilderstürmen der französischen Revolution aus der Krypta hervorgeholt und öffentlich verbrannt wurde. Von ihr sagte die Überlieferung, daß die schon im ersten christlichen Jahrhundert hierher kommenden Sendboten des frühen Christentums sie vorgefunden hätten als ein von keltischen Druiden und ihren Anhängern hochverehrtes Heiligtum mit der Bezeichnung »virgo paritura«, das heißt »Die Jungfrau, die gebären soll«. Es habe also an dieser Stelle der Erde und unabhängig von den Prophezeiungen des Alten Testaments eine ganz konkrete Erwartung dessen gelebt, was dann in Palästina Ereignis wurde. Hier hätten die Boten von drüben nur zu verkünden brauchen: es ist geschehen! Als das wunderbare Bindeglied eines vorchristlichen prophetischen Bewußtseins zu dem, was dann in christlicher Zeit sich hier entfaltete, wurde diese Statue verehrt. Das machte sie zu einem so einzigartigen Heiligtum.

Das war noch viel konkreter und unmittelbarer zu erleben vor den baulichen Veränderungen, die um 1650 in der Krypta vorgenommen wurden. Damals nämlich war der Raum, in dem dieses Bildwerk stand – übrigens an ziemlich der gleichen Stelle wie heute – in einer sehr altertümlichen Weise, als eine Art Grotte, gestaltet und noch unmittelbar verbunden mit dem jetzt durch eine Mauer von ihm getrennten Heiligen Brunnen.

Dieser Quell, im Zusammenhang mit den erwähnten baulichen Veränderungen zugeschüttet, im Anfang unseres Jahrhunderts wieder hergestellt, wird heute gezeigt unter dem Namen »Le Puits des Saints Forts«. Dazu wird, an diese Bezeichnung anknüpfend, erzählt: in ihn seien bei einer der wiederholten Eroberungen und Brandschatzungen von Chartres in den frühen Jahrhunderten des Mittelalters die christlichen Bekenner von den heidnischen (normannischen?) Eroberern gestürzt worden.

In Wirklichkeit weiß man heute, daß es sich hier um eine späte erbauliche Erfindung handelt, entstanden, um etwas unerklärlich Gewordenes nachträglich zu erklären. Der Name »Le Puits des Saints Forts« nämlich ist die Verstümmelung des eigentlichen älteren Namens »Le Puits des Saints Lieux Forts«, also: Brunnen der starken heiligen Orte. Der französische Gelehrte René Merlet, der im Anfang unseres Jahrhunderts bei seinen Forschungen und Grabungen auch diesen verschütteten Brunnen wieder entdeckte und seine Wiederherstellung in der heutigen Form betrieb, fand, daß die tiefer liegende ältere Fassung dieses 33 m tiefen Brunnens viereckig ist »wie viele von denen, die an dem Ort alter gallischer Städte wiedergefunden worden sind«. Er fand auch außer den Fundamenten der älteren, der heutigen Kathedrale vorangegangenen, Kirchen, die allesamt an dieser Stelle, also bei diesem Brunnen liegen, Reste gallo-römischen Mauerwerks, die – zumindest mit großer Wahrscheinlichkeit – auf vorchristliche Bauwerke, das heißt wohl eine Art Brunnenkapelle, hindeuten.

Hier also, müssen wir annehmen, stehen wir vor dem – wenn auch in seiner ursprünglichen Gestalt nicht erhaltenen – Urheiligtum von Chartres: einem Brunnenheiligtum mit der Holzstatue einer weiblichen Gestalt, vielleicht mit dem Kind auf dem Schoß. Daß derartige Heiligtümer in den Jahrhunderten um die Zeitenwende bekannt waren, bestätigt eine von Merlet zitierte Äußerung in der 1. Apologie des Justinus (etwa 150 n. Chr.): »Man errichtet bei den Quellen die Statue der Jungfrau, die man Kore nennt und die man zu einer Tochter des Zeus macht«.

Welcher Art war nun die Welt, in der dies Heiligtum stand?

Das in den letzten Jahrzehnten gewachsene Interesse für die Welt der Kelten hat durch Ausgrabungen und sonstige Funde sowie durch Sammlung der antiken Zeugnisse über sie eine große Fülle von Tatsachen zutage gefördert. Die bedeutende keltische Kultur beherrschte viele Jahrhunderte lang einen großen Teil von Europa. Spanien, Frankreich, die englischen Inseln, der südliche Teil von Deutschland, die Schweiz und die Donauländer bis zum Balkan, ja bis nach Kleinasien hinein sind voll von Fundstätten. Wenn es trotzdem schwer ist, ein Bild von diesen Menschen und ihrer Art zu bekommen, so liegt das einmal daran, daß sie z.B. die Schrift durchaus kannten, zugleich aber verachteten und hauptsächlich nur für kommerzielle Zwecke benutzten, nie aber, um wesentliche Dinge aufzuzeichnen; daß sie ferner lieber in Holz als in Stein arbeiteten und daher fast alles von dem, was sie geschaffen, verloren gegangen ist. Dies spricht zugleich eine wichtige Eigenart der keltischen Kultur aus, die verursachte, daß sie uns so fremd geblieben ist: Sie behielt immer etwas Flüchtiges. Sie war stärker dem Werdenden als dem Gewordenen verbunden. Sie inkarnierte sich nicht entfernt so kräftig ins Irdische wie etwa die römische oder griechische Kultur. Das heißt aber nicht, daß sie gering einzuschätzen wäre. Zumindest Ahnungen von dieser Tatsache findet man heute fast in jedem ernstzunehmenden Buch über sie. Es waren mächtige Seelen, die sich aber nicht sehr tief verkörperten. Sie blieben eher dem wehenden Wind und dem strömenden Wasser verwandt als dem festen Stein. Das Rationale blieb ihnen immer fremder als das Irrationale. So lebten sie sich stärker in Wort und Gesang als in Plastik und Architektur aus. Und wo sie doch in Plastik oder Relief etwa menschliche Formen nachbildeten, gerieten diese immer in Gefahr, von der Übergewalt der musikalischen Phantasie ihrer Schöpfer überwältigt zu werden, die die irdischen Bildungen in einer Überfülle von zauberhaften Verschlingungen ertrinken ließen. In diesem musikalischen Element lebten sie vor allem. Die langen mächtigen Gesänge der Druiden und Barden waren ebenso berühmt wie ihr Kriegsgeschrei und das Dröhnen ihrer Kriegsposaunen gefürchtet. Noch der Schmuck der Frauen war so gestaltet, daß er klingen mußte. Mit einer Römer wie Griechen erschreckenden Wut und Todesverachtung stürzten sie sich in den Kampf, konnten aber ebenso plötzlich in panikartiger Flucht die Schlacht verlassen, wenn sie glaubten, von den Schicksalsgöttern preisgegeben zu sein. Denn sie waren in einer Julius Cäsar tief erstaunenden Weise fromm, den Göttern ergeben. Die aber verehrten sie nicht in steinernen Tempeln, sondern in heiligen Hainen, an heiligen Quellen, in Wind und Woge und im Licht der wandernden Gestirne. So waren sie selber auch Wandernde, die immer wieder ihre Wohnsitze verlassen und zu neuen Zielen aufbrechen mußten.

Ihre geistigen Führer mit priesterlichem Rang waren die Druiden. Von dem, was sie lehrten, ist wenig Konkretes überliefert, da jede schriftliche Fixierung verboten war. Wir wissen aber, daß sie die Unsterblichkeit des Menschengeistes und seine Wiederverkörperung lehrten. Die antiken Schriftsteller sprechen mit der höchsten Achtung von ihnen und ihren Bemühungen um die höchsten Dinge. Ammianus Marcellinus (um 380 n.Chr.) nennt sie »Männer von weit überragender Geisteskraft ... ihre Beschäftigung mit den verborgensten und höchsten Geheimnissen machte sie erhaben.« Wobei man im Bewußtsein haben muß, daß »Geheimnisse« immer »Mysterien« sind. Eine Mysterienkultur also verbirgt sich hier. Und es ist charakteristisch für die moderne Wertung dieser Welt, daß z.B. Jaques Moreau die Druiden in seinem Buch »Die Welt der Kelten« immer wieder mit den Pythagoräern vergleicht.

Am deutlichsten und konkretesten ist für uns Heutige aber die Größe dessen, was in dem keltischen Volksgeist lebte, ahnbar, wenn wir darauf schauen, daß ja die Herrlichkeit der Parzifal- und Artus-Sagen aus ihm geflossen, etwas wie seine späte Verkörperung ist.

Das also war die Welt, in der der heilige Quell und die Statue der »virgo paritura« standen, in der sie ursprünglich gedacht werden müssen, aber auch allein denkbar sind. Denn wir wissen, daß das Geheimnis der Jungfräulichkeit – nicht in einem moralischen, sondern in einem naturhaft-geistigen Sinn – eine große Rolle spielte. Jungfräuliche Kräfte hatten eine besondere Zaubermacht (vgl. I. Loth, »Les Mabinogion«, Paris 1889 und 1913). Und ebenso kann man den Druiden nach allem, was man von ihnen weiß, wenn nicht eine Erkenntnis, so doch eine Ahnung davon zutrauen, daß in den Geistgründen der Welt sich etwas Neues vorbereitete, neue Kräfte sich ankündigten, ein neues, alles Bisherige verwandelndes Wesen nahte. So wie drüben im Osten einer aufstand, der Seinen Schritt vernahm und verkündete: »Es kommt einer...« Vielleicht hängt es sogar damit zusammen, daß man das christliche Heiligtum an dieser Stelle außer der Jungfrau-Mutter auch Johannes dem Täufer weihte.

Dies druidische Heiligtum – wir möchten lieber sagen: diese druidische Mysterienstätte – hatte aber möglicherweise noch einen besonderen Charakter. Cäsar schreibt in seinem »Bellum Gallicum«: »...An der Spitze aller dieser Druiden steht einer, der die höchste Macht unter ihnen hat. Wenn dieser gestorben ist, so folgt ihm entweder der nach, welcher an Würde unter den übrigen hervorragt, oder wenn mehrere gleich Hervorragende da sind, so wird er durch Abstimmung der Druiden gewählt, zuweilen messen sie sich aber auch mit den Waffen um den Prinzipat. Zu einer bestimmten Zeit des Jahres versammeln sie sich im Gebiet der Carnuten, welches als die Mitte ganz Galliens angesehen wird, an einem geweihten Ort. Hier kommen von überallher alle zusammen, die Streitigkeiten haben, und gehorchen den Entscheidungen und Urteilssprüchen jener...«

Verständlicherweise gibt es manche Orte in Frankreich, die behaupten möchten, mit diesem geweihten Ort »im Land der Carnuten« gemeint zu sein. Aber da das ganze Mittelalter hindurch der Name Carnutum der Name für Chartres war, hat das doch die größte Wahrscheinlichkeit für sich, daß hier eine echte Tradition vorlag (Abb. 1). Und die Formulierung Cäsars »welches als die Mitte ganz Galliens angesehen wird« scheint auch darauf zu deuten, daß er nicht die geographische Mitte meinte, die er durchaus festzustellen und dann mit dem Prädikat »ist« zu versehen im Stande gewesen wäre, sondern den geistigen Mittelpunkt. Wir haben also guten Grund anzunehmen, daß hier nicht nur eines von vielen, sondern das Zentralheiligtum der druidischen Kultur seine Stätte gehabt habe. Daß hier jedenfalls die druidische Überlieferung mit einer erstaunlichen Kraft weitergelebt hat, wird durch folgende eigenartige Tatsache, die auch zu den »Besonderheiten« von Chartres gezählt werden darf, deutlich.

Wir wissen, daß den Druiden die Mistel als eine besonders heilige und heilkräftige Pflanze galt. Daß sie zu einer gleichsam von oben hereingewehten, einer nicht im Erdboden,

sondern in der Höhe vom Saftstrom eines Baumes lebenden Pflanze eine besonders nahe Beziehung hatten, ist aus ihrer eigenen, oben charakterisierten Wesensart verständlich. Plinius der Ältere berichtet: »...Was auf diesen Bäumen (den Eichen) wächst, halten sie für eine Gabe des Himmels... Sie nennen die Mistel in ihrer Sprache ›die Allesheilende‹. Wenn sie nach ihrem Brauch Opfer und Mahl gerichtet haben, führen sie zwei weiße Stiere herbei, deren Hörner sie zuerst bekränzen. Dann besteigt ein mit einem weißen Gewand bekleideter Priester den Baum und schneidet mit einer goldenen Sichel die Mistelpflanze ab, die in einem weißen Tuch aufgefangen wird. Daraufhin opfern sie die Stiere und beten, daß der Gott die Gabe glückbringend machen möge für die, denen er sie gesandt habe...« Plinius berichtet, daß diese feierliche Handlung besonders mit dem druidischen Jahresbeginn verbunden gewesen sei.

Nun bestand zumindest bis in die Mitte des vorigen Jahrhunderts in der Gegend von Chartres ein eigenartiger Brauch. Wenn sonst überall die Menschen einander zum Jahreswechsel »ein gutes neues Jahr« wünschten, hieß das hier: man bringe einander »l'éguilanleu«. Was heißt das? – E. de Lépinois, der dies berichtet (Histoire de Chartres, 1854), hat den glücklichen Gedanken gehabt, diesen längst zu einer unverstandenen Formel gewordenen Ausdruck zu deuten als »Le gui l'an neuf« (die Neujahrsmistel) und mit dem Bericht des Plinius zu verbinden. – Noch im 19. Jahrhundert brachten die Menschen in Chartres einander die heilige Neujahrsmistel. Wie stark muß in der Zeit, als dies Mistel-Opfer noch lebendiger und geisterfüllter Kultus war, das darin sich gestaltende Erlebnis in den Herzen der Menschen jener Gegend gelebt haben, daß es die Pflege und die Hüter jenes Kultus um zwei Jahrtausende überlebte!

Eine weitere »Besonderheit« – nun im Bauwerk der Kathedrale – läßt das Weiterleben der keltisch-druidischen Tradition in Chartres wieder in einer anderen Beziehung aufleuchten. Der Besucher, der nicht nur für wenige Stunden gekommen ist, bemerkt mit Erstaunen, daß die Westfassade schon in den späteren Vormittagsstunden und die Nordseite der Kathedrale in den Nachmittagsstunden von der Sonne beschienen wird. Die Kathedrale ist nicht nach Osten, sondern nach Nordosten hin orientiert, genauer gesagt: nach dem Punkt des Horizontes, wo die Sonne am Tag der Sommersonnenwende aufgeht. Damit folgt sie – wie schon, was man bei Grabungen festgestellt hat, alle ihre Vorgängerinnen – der Ausrichtung, die man bei dem Heiligtum von Stonehenge, den Steinsetzungen von Carnac und anderen keltisch-druidischen Heiligtümern findet. Hier also zeigt sich in ganz unbezweifelbarer Weise ein Weiterleben uralter kosmischer Mysterien. Wie es auch kein Zufall sein kann, daß auf dem nördlichen Westturm eine Sonne, auf dem südlichen ein Mond als Wetterfahne angebracht sind. Da diese beiden Türme den Erzengeln Michael und Gabriel geweiht waren, ja im Mittelalter als ihre Behausungen angesehen wurden (E. Fiechter in »Volkshochschule«, Zürich 1946, Heft 6 und 7), so werden hier diese Geistgestalten ausdrücklich in ihrem kosmischen Aspekt charakterisiert und anschaulich gemacht, wie ja das ganze Mittelalter hindurch Michael als »Intelligenz«, d.h. als die geistige Wesenheit der

1. Chartres über den Kornfeldern der »La Beauce« genannten Landschaft, einer weiten fruchtbaren Ebene südwestlich von Paris.

Sonne, Gabriel als die des Mondes bezeichnet werden. – Damit aber setzt sich in der Kathedrale von Chartres fort, was ein Grundzug aller alten Kulturen und ganz besonders der keltisch-druidischen war: daß ein Heiligtum auf Erden nicht nur eine menschliche Angelegenheit ist, daß es wie ein Brennpunkt bestimmter kosmischer Kräfte und Konstellationen angelegt und erlebt wurde.

Noch eine »Besonderheit« im Brauchtum von Chartres ist das schon eingangs erwähnte Gesetz, daß niemand in dieser Kathedrale bestattet werden dürfe. Um zu würdigen, was das bedeutet, erinnere man sich daran, daß der Fußboden mancher romanischen oder gotischen Kirche aus nichts als Grabplatten besteht, die nicht etwa nachträglich dorthin getragen und gleichsam »zweckentfremdet« als billige Pflastersteine mißbraucht wurden, sondern wirklich die Gebeine unter ihnen bestatteter Kleriker, Bischöfe oder Grundherren bedecken. An solch heiliger Stätte begraben zu werden, war durch viele Jahrhunderte der sehnsüchtige Wunsch der Menschen. Und sicher war der Gedanke, daß man von dieser Stelle aus dereinst beim Jüngsten Gericht die größte Sicherheit für eine Wiedererweckung und einen Platz in den Himmlischen Wohnungen habe, nicht der einzige Grund. Hier aber, in Chartres, hat tatsächlich keiner, kein Bischof, kein Graf und kein König gewagt, das Verbot zu übertreten. Wie schwer manchem der Verzicht gefallen sein mag – es gibt in dieser Kathedrale kein einziges Grab.

Man hat dies Verbot in die Worte gekleidet: Kein Mensch dürfe das Bett der Heiligen Jungfrau entweihen. Aber es gibt unzählige der Jungfrau geweihte Kirchen, und in keiner gilt oder galt je ein solches Verbot. Sollte nicht vielleicht auch dies mit viel tiefer liegenden Empfindungen zusammenhängen, die später nur in mittelalterliche Formen geprägt wurden? Stellt man sich vor – und das bisher Dargestellte läßt das vielleicht als möglich erscheinen –, hier sei eine Mysterienstätte gewesen, wo insbesondere die Mysterien der Inkarnation und des Vorgeburtlichen gepflegt wurden, dann ist es klar, daß alles, was zu dem entgegengesetzten Pol des Daseins gehört, von diesem Orte ausgeschlossen werden mußte. Empfindungen, die sich mit der ganzen Kraft tiefster Religiosität an einen solchen Ort knüpften, konnten nicht leicht verschwinden. Der Gedanke, hier, wo der ganze lichte Zauber der Geburt webte, einen Leichnam niederzulegen, war unerträglich. Und die Verwurzelung dieses Gesetzes in den tiefen Schichten, die Empfindungen und Erlebnisse in uralter Vergangenheit erreichten, machte es zu einem wirklich unübertretbaren Tabu.

Schließlich muß noch einer Einrichtung gedacht werden, die im Mittelalter eine große Rolle spielte und die mit der Krypta zusammenhing. Diese Krypta von Chartres ist ja etwas sehr Eigentümliches. Sie ist nicht wie sonst überall ein kapellenartiger Raum, dessen Mittelpunkt eine Grabstätte bildet. Eben das verbot sich ja in Chartres. Sie ist überhaupt ihrer Anlage nach kein Ort des Verweilens, sondern ein Weg. Sie beginnt mit einer Treppe, die unter dem nördlichen Turm der Westfassade in die Tiefe führt, zieht sich unter dem ganzen nördlichen Seitenschiff entlang bis zu der Kapelle der »Notre Dame de Soubs Terre« – im Mittelalter also zu der uralten Grotte mit dem Heiligen Quell und dem Bildwerk der »virgo paritura« –, geht von da weiter unter dem Chorumgang herum und unter dem südlichen Seitenschiff zurück, jetzt zum südlichen Turm der Westfassade, wo wieder eine Treppe hinaufführt. Im Mittelalter nun war der nördliche Flügel dieser Krypta, also der, der unmittelbar zu dem Brunnen mit dem Bild der Jungfrau, zu den »Saints Lieux Forts« hinführte, dafür eingerichtet, Kranke aufzunehmen. Sie mußten dort unten eine Novene, also neun Tage und Nächte, zubringen. Zu ihrer Betreuung bestand ein besonderer Orden, die »Dames des Saints Lieux Forts«.

Es kann kein Zweifel bestehen, daß auch hier eine uralte vorchristliche Tradition weiterlebte, verwandt dem in Asklepios-Heiligtümern geübten Tempelschlaf. Daß die Druiden ähnliches kannten, ist überliefert.

Dieser heilige Tempelschlaf, dessen Praktizierung aus vielen alten Kulturen überliefert ist, stellte eine Potenzierung dessen dar, was auch wir noch als wunderbare Wirkung des Schlafes kennen. Auch wir erfahren zuweilen, daß wir im Zurücksinken in die vorgeburtliche Welt in eine Sphäre eintauchen, in der wir weiser sind, als wir am Tag gedacht – und ebenso, daß heilende Kräfte uns wohltätig durchdringen. Die Potenzierung dieser Erfahrungen wurde durch die seelisch-geistigen Prozeduren und durch die besondere ätherische Konfiguration des Ortes, in die dieser Schlaf eingebettet war, bewirkt. In der Begegnung mit den von allem persönlichen Triebhaft-Leidenschaftlichen noch unberührten reinen Bildekräften, mit der reinen, vom Glanz der Sternenwelt durchwobenen Erdenseele erfuhr man die Begegnung mit der »Jungfrau«. Aus ihr empfing der Kranke Genesung, der Eingeweihte aber Weisheit im Vernehmen der Sphärenharmonien.

Weist dies alles in eine bestimmte einheitliche Richtung, so wäre dies Bild doch unvollständig, nähme man nicht noch etwas hinzu.

Wir erwähnten das ungeschriebene, aber mit absoluter Strenge eingehaltene Gesetz, daß in der Kathedrale niemand bestattet werden durfte, und sahen es als Ausdruck dessen, daß dort die Mysterien des Vorgeburtlichen und der Inkarnation zuhause waren. Wie eine Bestätigung dafür scheint uns, daß es nun in Chartres einen anderen – und wieder durch einen eigentümlichen Brauch mit der Kathedrale verbundenen – Ort gibt, wo der andere Pol des Lebens ins Auge gefaßt wurde, wo also die Mysterien des Todes, der Exkarnation zuhause waren.

Etwa eine halbe Wegstunde südöstlich der Kathedrale, unten im Tal und jenseits der Eure liegt das kleine Kloster St. Martin au Val. Seine Kirche bietet in ihrem oberirdischen Teil wenig Interessantes. Sie besitzt aber eine Krypta, die in ihrer jetzigen Gestalt ins 10., mit ihren ältesten Teilen mindestens ins 6. Jahrhundert zurückreicht. In ihr steht eine Reihe uralter Sarkophage, in denen Bischöfe von Chartres beigesetzt worden sind. Und bei Gelegenheit von Grabarbeiten hat sich ergeben, daß im Umkreis dieser Kapelle einmal ein uralter Friedhof war, der auf eine noch ältere vorchristliche Begräbnisstätte zurückging. Auch hier also wurde an einem Ort, der seit uralten Zeiten heilig, hier aber den Verstorbenen geweiht war, die alte Tradition aufgegriffen und weitergeführt. Die jetzige Krypta ist vermutlich nichts anderes als die in den frühen christlichen Jahrhunderten dort errichtete Kapelle, die nur im Lauf der Jahrhunderte gesunken und schließlich überbaut worden ist. Und bis in unsere Zeit hinein reicht eine Sitte, die diese Stätte der Gräber im Tal geheimnisvoll mit der der Jungfrau mit dem Kind geweihten Kathedrale verbindet. Jeder neue Bischof von Chartres mußte die letzte Nacht, bevor er feierlich in seine Stadt und seine Kathedrale einzog, in St. Martin au Val verbringen. Vielleicht hieß das einmal: er mußte Zwiesprache halten mit denen, die vor ihm das Heiligtum droben auf der Höhe zu verwalten hatten; daß nur sie ihm »von drüben« sagen konnten, wie er in der rechten Weise das ihm Anvertraute zu pflegen habe. Vielleicht hieß es auch: er mußte sich ganz mit dem Geschmack des Todes durchdringen, um hernach den Sternenglanz dessen, was droben webte, nicht nur ganz empfinden, sondern vielleicht überhaupt ertragen zu können. Auf jeden Fall spricht es gerade in seiner Bezogenheit auf die Kathedrale davon, daß hier in Chartres das Bewußtsein von der Wirklichkeit des Geistes und des Verwurzeltseins des Menschen in dieser Welt, aus der er kommt, in die er geht, das alles beherrschende Motiv war.

So also kann, wenn man nur den »Eigenheiten« oder »Besonderheiten« von Chartres, all diesen in sich sonst so rätselhaften Phänomenen unbefangen nachsinnt, durch das jetzt Dastehende hindurch wenn nicht ein Bild, so doch eine Ahnung von dem wunderbaren Glanz der Welt, in der es wurzelt, aus der es erwachsen ist, aufscheinen, der Welt jener »erhabenen« »Männer von höchster Geisteskraft«, die sich mit den »verborgensten und höchsten Geheimnissen« beschäftigten. Zumindest ahnbar wird ein Bewußtsein, in dem das Geheimnis der »Jungfrau« nicht als Dogma, sondern als ein erfahrbares menschheitliches Mysterium erlebt, wo die Welt des Vorgeburtlichen als heilige, von göttlicher Weisheit durchdrungene und heilende Substanz erfahren wurde, wo das Heilige auf Erden als nicht nur Menschliches, sondern mit dem Hereinwirken kosmischer Geistigkeit Verwobenes gesucht wurde. Und wenn auch nicht mit Begriffen, so doch als alles durchdringende Stimmung und innere Haltung hat es in allem Späteren weitergelebt.

Das christliche Heiligtum

Das Ende des Druidentums kam nicht durch das Christentum. Die Römer, zunächst Julius Cäsar und endgültig die Kaiser Tiberius und Claudius, haben es vernichtet. Natürlich, die Kelten, diese ganz aus dem Irrationalen lebenden Völker, waren unbequeme Nachbarn. Die ehern festgefügte Welt Roms konnte die Unruhe, die sie immer wieder in die Welt brachten, nicht dulden. Die Welt des rationalen Denkens in Verbindung mit dem universalen Machtwillen Roms breitete seine Herrschaft auch über diese Gebiete aus. Und die Götter verstummten.

Vielleicht freilich wären sie auch ohne diese äußeren Eingriffe verstummt. Es gibt genügend Anzeichen dafür, daß wie überall in der Welt, so auch bei den Kelten, das Verdämmern und Verstummen der alten Götter erfahren wurde.

Wann und in welcher Weise dann die Begegnung mit dem Christentum erfolgte, ist in ein Dunkel gehüllt, das nur unvollkommen von Legenden erhellt wird. Im Mittelalter lebte man jedenfalls in dem Bewußtsein, daß das unmittelbar nach den Ereignissen in Palästina geschehen sei. Der König Charles V. spricht in einem Schreiben von 1367 von Chartres als der Stadt, »die in uralter Zeit, d.h. noch zu Lebzeiten der Seligen Maria gegründet ist«. In einem Missale von Chartres von 1482 wird Gott um Segen angefleht für »diese Stadt Carnutum, die Du als erste bei den Galliern von dem Mysterium Deiner Inkarnation zu unterrichten geruht hast«.

Wenn die alten Legenden erzählen, daß die Druiden schon durch Boten, die sie hingesandt, von den Ereignissen im Heiligen Land erfahren, oder daß Gefährten des Lazarus nach Chartres gekommen und dort eben jene schon erwähnte Statue der »virgo paritura« vorgefunden hätten, so muß die Frage offen bleiben, ob wirklich die Zeit gemeint war, in der die große Kunde nach Chartres kam, oder nur die Art, wie diese sich mit Chartres verband. Jedenfalls hat hier eine besondere, urtümliche Art der Aufnahme des Neuen stattgefunden.

Denn was Lazarus geschehen war, das mußte die Adepten der alten Mysterienstätten aufs tiefste berühren. Sie kannten das Geheimnis des dreitägigen Todesschlafes, aus dem man als ein Eingeweihter auferweckt wurde.

Im Mysterienbezirk von Carnutum muß sich – ähnlich wie in der großen irischen Kirche und doch ganz eigenständig – eine Vermählung uralter Mysterienweisheit mit den Impulsen des Christentums vollzogen haben. In welcher Weise der Prozeß der Verschmelzung und Verwandlung konkret stattgefunden hat, wissen wir nicht. Das ganze erste Jahrtausend liegt unter einem sehr dichten Schleier verborgen, und nur wie Träume von dem, was da geschah, leuchten die Legendenbilder auf.

Die Schule von Chartres und der Fulbertus-Bau

Die große Zeit von Chartres, da das, was jahrhundertelang im Verborgenen gewachsen war, ans Licht zu treten begann, hob an mit dem großen Bischof Fulbertus (960–1028), der der Begründer der »Schule von Chartres« wurde.[1] Durch mehr als zwei Jahrhunderte war sie wohl die berühmteste Hohe Schule des Abendlandes, ein Sammelpunkt erlauchtester Geister, und ihre Wirkungen strahlten weit und lange aus. »Ihre Lehrer und Schüler übten während des 12. Jahrhunderts einen Einfluß aus, der sich von England bis Sizilien und vielleicht bis zur Welt der Moslems erstreckte.«[2] Liest man in den Schriften, die ihre großen

Lehrer hinterlassen haben, etwa in dem jüngst in einer neuen Übersetzung erschienenen Werk des Bernardus Silvestris »Über die allumfassende Einheit der Welt. Makrokosmos und Mikrokosmos«[3], so ist man erstaunt, mit welch undogmatischer Freiheit und Weite hier gedacht wurde. Was hier lebte, war eine Wiedergeburt der Schule Platos, dessen Gedankenkosmos ja, wie wir heute wissen, auch aus der alten Mysterienweisheit hervorgewachsen war. Die göttlichen Ideen sind die eigentliche, primäre Wirklichkeit. Die Welt der irdischen Erscheinungen ist erst von ihnen hervorgebracht und verbirgt sie in sich.

Das Besondere der Schule von Chartres gegenüber den anderen Schulen war die Pflege des Naturwissens und des Wissens von Krankheit und Heilung. Kennt man die Ursprünge von Chartres, so wundert einen das nicht, man sieht nur bestätigt, daß die Quellen aus einer so tiefen Vergangenheit ungebrochen weiterströmten. Die Sphäre, in der das Bewußtsein dieser großen Lehrer und Meister lebte, war die Welt des wesenhaft Geistigen, das, von kosmischen Mächten durchdrungen, alles Elementarische durchwaltet. In dieser Sphäre wurden auch die Mysterien des Christuswesens erlebt.

Ein wesentliches Charakteristikum dieses Weltsystems ist, daß es hierarchisch gestuft ist in bezug auf das jeweils darin waltende Bewußtsein. Der menschliche Verstand ist nur die unterste Stufe. Will man die Welt wahrhaft erkennend durchdringen, so muß man sich zu höheren Stufen des Bewußtseins erheben. Man könnte auch umgekehrt sagen: nicht kalte, gleichgültige Gesetzlichkeit, sondern Bewußtsein durchdringt und leitet alles Werden, Geschehen und Sein der ganzen Welt. Nur – Bewußtsein höherer Art, als es der menschliche Verstand ist, und das seinerseits wieder aufschaut zu noch höherem, immer lichterem Bewußtsein.

Zuunterst waltet »Hyle« oder »Silva« (der Wald), das Ungestaltete der Materie, des Weltenstoffes. Es ist der »Wald«, von dem auch die Märchen sprechen, in dessen Dunkelheit sich das aus Lichtreichen kommende Menschenwesen immer wieder zu verirren droht. Silva wird geformt von »Physis«, in der die Bildekräfte leben, durch die die Weltenstofflichkeit zum Weltenleibe wird. Physis aber wird gelenkt von »Natura«, der herrlichen Wesenheit, der Schöpferkraft, die im Elementarischen des Kosmos webt und wirkt und die aufschaut zu »Urania«, der »Entelechie«, die als Geistwesen in Sternenordnungen lebt. Über ihr waltet, sie inspirierend, »Noys«, der Weltensinn, die Weltenweisheit, die ausgeht von »Tugaton« (entstanden aus »τὸ αγαδων« = das Gute), der höchsten Wesenheit, der göttlichen Trinität.

Mögen die Gedanken dieser Lehrer auch nur in einem verhältnismäßig kleinen Kreis von Menschen lebendig gewesen sein, die hohe durchgeistigte Menschlichkeit, die Realität dieser Ideenwelt waren so stark, strahlten so mächtig aus, daß wir Heutigen nur staunend vor ihren Wirkungen stehen können. Denn man muß sich vollkommen klar sein darüber: Die Riesenwerke der Kathedrale – Riesenwerke ja auch im äußeren Sinne – sind ihre Auswirkung; und sie wären ohne sie nie entstanden. Nicht nur die künstlerische Kraft, die sie formte, auch die Opferkraft der Menschen in bezug auf das Materielle, vor der die Gegenwart schamrot werden muß, haben darin ihre Wurzel. Eine solche Begeisterung, dem Geiste, dem Göttlichen ein Haus zu bauen, wie sie uns gerade von dem Bau von Chartres überliefert ist, kann nur entstehen, wenn nicht nur über den Geist geredet wird, sondern irgendwo ein Tor offensteht, durch das die Realität des Geistes hereinstrahlt und die Seelen unmittelbar berührt.

Fulbertus, der große Lehrer und Vater dieser Schule, war ja auch der Bauherr jener Kathedrale, die die unmittelbare Vorläuferin des jetzigen Baues war. Er selbst freilich erlebte nur die Anfänge des Werkes. Aber auf diesen Bau müssen wir doch die Berichte beziehen, die in der ersten Hälfte des 12. Jahrhunderts auftauchen.

Hugo von Amiens, Erzbischof von Rouen, schreibt in einem Brief von 1145:

»In Chartres zogen die Menschen, vom Geist der Demut ergriffen, Karren und Wagen, um bei dem Bau der Kathedrale zu helfen. Dort auch besonders ließ Gott Wunder geschehen, um die Hingabe seiner Diener zu belohnen. Das Gerücht darüber verbreitete sich weit und entflammte auch die Einwohner der Normandie, die Frömmigkeit ihrer Nachbarn nachzuahmen. Die Gläubigen unserer Provinz sind zuerst nach Chartres gegangen, um den Tribut ihrer Opfergaben der Mutter Gottes darzubringen, danach gewöhnten sie sich, auch ihre eigenen Kathedralen zum Ziel dieser frommen Pilgerfahrten zu nehmen. So bilden sie heilige Brüderschaften, in die niemand aufgenommen wird, der nicht seine Fehler bekennt, eine Buße auf sich nimmt und sich mit seinen Feinden aussöhnt. Die Brüder geben sich ein Oberhaupt, auf dessen Ruf alle, gehorsam und fromm, auf Karren die Opfergaben herbeiführen, die sie zu den Kirchen bringen und die sie durch ihre Tränen und Kasteiungen heiligen.«[4]

Und der Abt Haymond von St. Pierre-sur-Dive schreibt:

»Wer hat jemals Ähnliches gesehen oder gehört, daß mächtige Herren und Fürsten der Welt, (sonst) aufgebläht von Reichtum und Ehren, daß selbst Frauen von edler Geburt ihre stolzen Häupter gebeugt und gleich Zugtieren sich an Karren gespannt haben, um Wein, Getreide, Öl, Kalk, Steine, Holz den Werkleuten einer Kirche zuzuführen? Und ob viel mehr als tausend Köpfe zusammen sind, herrscht doch tiefes Schweigen, man hört kein Wort, nicht einmal ein Flüstern. Wenn sie dahinziehen unter Posaunenschall und unter geweihten Bannern, kann nichts sie aufhalten, weder Berg noch Wasser; ihr könntet glauben, die alten Juden durch den Jordan ziehen zu sehen. Gott der Herr scheint sie selbst anzuführen. Die Flut des Meeres ist zurückgetreten, um ihnen Platz zu machen, Augenzeugen von Sainte-Marie-du-Port haben es versichert. Sind die Pilger an der Kirche angelangt, bei deren Bau sie helfen wollen, so machen sie eine Wagenburg und wachen die ganze Nacht und singen Psalmen. Auf jedem Karren zündet man Kerzen und Lampen an, zu den mitgebrachten Kranken werden Reliquien getragen, und alles Volk hält Bittgänge um ihre Heilung.«[5]

Die Kathedrale zu bauen, war diesen Menschen wichtiger als alles andere. Es war wie eine kultische Handlung, die ihr ganzes Leben entsühnte und in einen höheren Sinn einordnete. Wahrhaftig, ein Primat und ein Triumph des Geistes, die beispiellos sind.

Diese beiden Elemente: eine sehr hohe Geist-Erkenntnis auf der einen, eine tiefe fromme, geistergebene Hingabekraft auf der anderen Seite sind die eigentlichen Kräfte, aus denen die Kathedrale erwachsen ist. Das dritte Element erst, in dem beide einander begegnen, ist das Künstlerische. Man wird nie diesen ungeheuren Leistungen gerecht, wenn man, wie es heute geschieht, immer nur von diesem einen spricht. Ja, wir werden sehen, daß man die Kathedrale in ihrer tiefsten Wirklichkeit überhaupt nicht verstehen kann, wenn man nicht diesen Dreiklang aus ihr vernimmt.

Von der Fulbertus-Kathedrale[6] ist uns nichts erhalten als die *Krypta*, die aber – vielleicht infolge mannigfacher Umgestaltungen, Zerstörungen[7] und Wiederherstellungen – außer dem ja auch nicht mehr in seiner ursprünglichen Gestalt vorhandenen Brunnen nichts Bemerkenswertes enthält. Wohl aber ist uns einiges erhalten, was in der Zeit, als sie noch stand, für diese frühere Kathedrale geschaffen wurde. Das ist, wenigstens in seinen Grundzügen, das ganze *Westwerk* der heutigen Kathedrale. So, für die Fulbertus-Kathedrale geschaffen, dann aber in die jetzige einbezogen, stellt es die oberirdische Verbindung und Kontinuität mit der früheren Geschichte des Baues her.

Der Fulbertus-Bau reichte, im übrigen etwa die gleiche Grundfläche bedeckend, nicht so weit nach Westen wie die heutige Kathedrale. Eine Feuersbrunst, die im Jahre 1134 die Stadt einäscherte, von der Kathedrale aber nur den südwestlichen Teil in Mitleidenschaft zog, wurde wie so oft der Anlaß, daß der Bau über sich selbst hinauszuwachsen begann. Es fing damit an, daß man etwa 10m vor der bisherigen Westfront – also rundum freistehend – den heutigen Nordturm aufführte. Zehn Jahre später begann sein südlicher Gefährte emporzuwachsen. Während nun dieser wohl in einem Zuge bis zur Spitze vollendet wurde, blieb der zuerst begonnene nach dem zweiten Obergeschoß stecken und wurde vorerst nur mit einem einfachen Dach abgeschlossen.

Der nächste Schritt war vermutlich, daß die Mauern der Kathedrale an diese neue westliche Begrenzung herangezogen wurden. Und im Zusammenhang damit entstanden dann auch – um 1150 – das Königsportal und die Fensterdreiheit in der Giebelwand über ihm; ursprünglich freilich weiter innen, noch 2m jenseits der östlichen Begrenzung der Türme, so daß es mit deren Innenwänden zusammen eine tiefe, nach Westen offene Vorhalle bildete.[8] Bald danach aber muß man beschlossen haben, es ganz nach außen zu versetzen. Und vielleicht war das Portal zusammen mit der ganzen westlichen Giebelwand und ihren Fenstern gerade abgebaut, als der Brand von 1194 die übrige Kathedrale vernichtete. Eigentlich nur so ließe sich erklären, daß die Fenster den Brand überstanden.

Aus dieser Baugeschichte heraus ist die heutige Gestalt (Abb. 2) des Westbaus zu verstehen: die Verschiedenartigkeit der Türme und die erst mit dem Bau des 12./13. Jahrhunderts zu der jetzigen Höhe emporgezogene Giebelwand, die ursprünglich wohl höchstens bis zur

2. Ansicht von Westen. Der nördliche (linke) Turm 1135–1150 bis zur Höhe der Galerie, der Turmhelm 1507–1513 von Jean Texier, genannt Jehan de Beauce. Der südliche (rechte) Turm »le clocher neuf«, wurde 1145 begonnen und in einem Zuge durchgeführt.

Höhe der jetzigen Königsgalerie gereicht hat. Auch die Rose ist selbstverständlich erst mit dem Höherwachsen der ganzen Front entstanden. Dieses Bild erst ergibt das ursprünglich gemeinte wunderbare Gleichmaß, die Harmonie der Komposition. Dann erst zeigt sich die frei emporwachsende und den Gesamtbau mächtig überragende Strebekraft der Türme, denen – wie gewaltigen Erzengeln – der Bau nur »bis ans Knie« reicht. Von dieser Polarität in der Gesamtkomposition ist jetzt fast nur noch der verschiedene Rhythmus, in dem einerseits die Türme, andererseits die Portal- und Giebelwand emporsteigen, geblieben. Hinzu kommt noch, daß 1506 infolge eines Blitzschlages die alte Spitze des nördlichen Turmes verbrannte und in dem reichen und phantastischen Geschmack jener Zeit erneuert und überhöht wurde.

Von besonderem Interesse ist aber in unserem Zusammenhang ein sonst wenig beachteter Teil dieses Baues. Zwischen den beiden Türmen, die ihrerseits die Seitenschiffe abschließen, bildet sich in der Fluchtlinie des Mittelschiffs eine Art *Vorhalle.* In ihren höheren Partien sichtbare Reste von Säulen u.a. zeugen von einer ursprünglich sehr viel reicheren Ausgestaltung. Unten öffnet sie sich nach beiden Seiten in die untersten Geschosse der beiden gewaltigen Türme in zwei rundbogigen Arkaden. Während nun die Kapitäle der südlichen Arkaden sehr schlicht gestaltet sind, sind die zu dem nördlichen (Michaels-)Turm gehörigen reich mit Figurenwerk ausgestattet. Über dem mittleren Pfeiler erscheinen zwei Basilisken, die sich in einen Kelch hinein beugen; am westlichen, also äußeren Pfeiler ist ein Ritter vom Pferd gesprungen und kämpft mit seinem Speer gegen einen gewaltigen Löwen; am östlichen, inneren Pfeiler aber steht eine Frauengestalt, in ihrer Linken etwas haltend, was wohl drei volle Ähren darstellen soll, von links her bedroht durch einen gehörnten Teufel, von rechts her durch einen Kentauren mit gespanntem Bogen, auf dessen Rücken ein Kind sitzt, mit triumphierender Gebärde einen Vogel schwingend und sich dem Beschauer zuwendend.

Alle diese Gestalten entstammen dem in überquellender Fülle dahinströmenden Bilderreichtum der romanischen Kunst, Vorgänge im Zwischenreich der seelischen und elementarischen Bezirke darstellend. Sie in allen ihren Einzelheiten zu deuten, ist immer schwierig, weil man allzuleicht einem verfälschenden Allegorisieren verfällt. Eines aber ist ohne weiteres deutlich und bedeutsam: daß wiederum das Bild der »Jungfrau« in der Gestalt der griechischen Kore erscheint, bedroht von Tod und Teufel; und auch das Kind, das sich auf den Rücken des Kentauren geschwungen hat, ist sicher kein anderes als das, das sie gebären soll oder geboren hat. Vielleicht darf man sogar soweit gehen, daß man den Kentauren, wie es in jener Zeit üblich war und auch im Westportal in Chartres dargestellt ist, als das astrologische Bild des »Schützen« ansieht, der ja den Dezember beherrscht und also wirklich »das Kind« in das Jahr hineinträgt – ein wunderbar tiefsinniger Zusammenhang. Vielleicht auch ist es ein Bild der todüberwindenden Kraft des Sohnes.

Auf jeden Fall aber ist diese Darstellung bedeutsam als ein geheimnisvolles Zeichen dafür, wie durch die Jahrhunderte hindurch dieses Urbild weiterlebte. Was ein Jahrtausend früher die Druiden an dieser geheimnisumwobenen Stätte gepflegt hatten – und es ist ja dargestellt worden, welche Rolle dies Bild der »virgo paritura« gespielt hat und wie gerade auch ihr Bedrohtsein erlebt wurde –, wird in der Schule von Chartres lebendig weitergeführt. Die Mysterienstätte von Chartres lebte fort.[9]

Fig. 1. Ansicht der Westfront vor dem Brand von 1194. Rekonstruktion.

II. DIE GOTISCHE KATHEDRALE

Die Geburtsstunde der Kathedrale, die wir heute bewundern, war die Brandnacht, in der die Fulbertus-Kathedrale unterging (Abb. 3). Es war der Vorabend des einst von Fulbertus mit besonderer Liebe und Hingabe gefeierten Festes der Geburt der Jungfrau. Ungezählte Scharen von Pilgern waren dazu schon versammelt und standen nun zusammen mit den Einwohnern von Chartres zitternd und betend vor dem Brausen und Prasseln des ungeheuren Brandes. Von Entsetzen geschüttelt, sahen sie Dämonen durch die Flammen fahren, hörten ihr triumphierendes Fauchen im Heulen der Flammen, im Krachen der zusammenstürzenden Balken und Mauern. In glühenden Bächen troff das geschmolzene Blei des Daches herunter. Es war eine furchtbare, die Menschen bis zur Erstarrung erschütternde Katastrophe. Das war die Nacht vom 10. zum 11. Juni 1194.

Nach drei Tagen rief der gerade in der Stadt anwesende Kardinallegat Melior das Volk zusammen. Und auf den noch rauchenden Trümmern stehend forderte er gemeinsam mit dem Bischof – auch sein Name ist überliefert: Regnault de Mouçon – zum sofortigen Neubau auf. Und das Entsetzen der Nacht wandelte sich in Begeisterung, als in dem gleichen Augenblick eine Prozession Hymnen singend heranzog, das kaum Glaubliche nicht nur berichtend, sondern vorweisend: die berühmteste Reliquie von Chartres, neben der Statue der »virgo paritura« ihr größtes, verehrtestes Heiligtum, die »Tunika der Heiligen Jungfrau« hatte – in der tiefsten Krypta – den Brand überstanden. Von dieser Reliquie, die Karl der Kahle der Kathedrale von Chartres übergeben hatte, sagte die Überlieferung, es sei das Gewand, das die Jungfrau bei der Geburt des Kindes in Bethlehem getragen habe. Nun muß man sich darüber klar sein, daß solche »Reliquien« dem Frommen des Mittelalters nicht nur Erinnerungsstücke waren. Ihr Dasein wurde als ein Zeichen für viel mehr, für die wirkliche Anwesenheit der Menschen, die sie einst getragen, empfunden. Dem mittelalterlichen Empfinden waren ja Himmel und Erde, geistige und irdische Welt noch nicht so weit voneinander entfernt wie dem heutigen. Wie viele Geschichten gab es nicht, in denen ein Heiliger oder ein Engel oder eine Geistgestalt noch höheren Ranges plötzlich erschienen, d.h. eigentlich aus der unsichtbaren Anwesenheit für einen Augenblick ins Sichtbare herausgetreten war! Nun dies heilige Wahrzeichen da war, wußte man: die Jungfrau hatte ihre Stadt nicht verlassen – wofür ja der Brand ihres Hauses hätte ein Zeichen sein können –, sie war geblieben. Und vielleicht fiel schon damals das bald in vielen Variationen kursierende Wort: sie habe die Zerstörung der Kathedrale nur zugelassen, weil sie ein größeres Haus zu haben wünschte. Bischof und Domkapitel opferten auf Jahre den größten Teil ihrer

3. Die Kathedrale von Südosten (vom Ufer der Eure). Von diesem Standpunkt aus sieht man sowohl das mächtige Kreuz, das die Kathedrale bildet, als auch die Ansätze der nur bis Traufenhöhe durchgeführten Türme am Querschiff und Chor.

Einkünfte. Die Bewohner von Chartres gaben ungeachtet ihrer eigenen Verluste mehr als sie eigentlich konnten. Und bald waren es nicht nur sie, in deren Herzen der Aufruf Widerhall fand. Fürsten und Könige wetteiferten darin, mitzubauen an diesem Werk.

Die hingebende und begeisterte Teilnahme, die ganz Frankreich – und nicht nur Frankreich – zeigte, bezeugt, daß Chartres eine bedeutende, ja eine unvergleichliche, zentrale Stellung im Empfinden der Menschen einnahm. »La Dame de Chartres«, die »Domina Carnutensis« war nicht nur den Menschen von Chartres und seiner Umgebung teuer. Dieser Name lebte in den Herzen ungezählter Menschen weit über die Grenzen Frankreichs hinaus, wie viele überlieferte Zeugnisse beweisen. Man muß aber auch hören, daß diese Bezeichnung keineswegs das gleiche meint wie etwa »Notre Dame«. Natürlich hätte jeder geleugnet, daß er etwa jemand anders meine als die von der allgemeinen Kirche inthronisierte Mutter des Herrn. Empfindungsgemäß aber klingt da doch noch etwas mit, als handle es sich um eine ganz besondere und mit besonderer Innigkeit geliebte Gestalt. Und es kann kein Zweifel bestehen, daß das mit dem uralten Jungfrau-Kult von Chartres zusammenhängt, wie es auch bezeichnend ist, daß dort, wo die »virgo paritura« sich in die »virgo quae peperit« verwandelte, wo die Mysterien des Vorgeburtlichen und der Inkarnation zuhause waren, die mit der oben gekennzeichneten Bedeutung verbundene »heilige Tunika« bewahrt und verehrt wurde.

So begann also aus den großen und kleinen Opfergaben einer alle äußeren Grenzen sprengenden Gemeinde der neue Bau für sie emporzuwachsen.

Wir wissen die Namen vieler geistlicher und weltlicher Fürsten, die an diesem Bau beteiligt waren. Der Name aber, der uns Heutigen wichtiger wäre als alle anderen, der Name des Architekten, ist uns nicht überliefert. Wir wissen nicht, wer der war, den wir als eine der bedeutendsten Künstlerpersönlichkeiten in der Geschichte der Menschheit ansehen müssen. Der Gedanke, daß er vielleicht von der Bauhütte hergekommen sei, die an der Kathedrale von Laon tätig war, hat viel für sich.[10] Aber das sind Vermutungen. Keine schriftliche Quelle jener Zeit nennt ihn, und auch die Mittelplatte des mit dunkelfarbigen Steinen in den Fußboden des Mittelschiffs gelegten »Labyrinths«, die in Reims und Amiens die Namen der Baumeister aufbewahrte, schweigt in Chartres.[11]

Wenn nun im folgenden zunächst über seine Leistung, also über das Architektonische und seine Bedeutung gesprochen wird, so muß dem eine Vorbemerkung vorangeschickt werden.

Uns Heutigen ist der Blick auf diese Kathedrale getrübt durch die Tatsache der Existenz so unzählig vieler anderer gotischer Kathedralen. Man weiß es zwar, aber man bedenkt es nicht genügend, daß Chartres ja *die* originale Leistung war und daß *alle* anderen Chartres nachfolgen (Reims Baubeginn 1210; Amiens Baubeginn 1220 usw.). Unser Vertrautsein mit den Formen und dem Begriff der Gotik verbirgt uns, daß ja einmal das als überwältigend neue Idee aufgeleuchtet ist und zum ersten Male sich verwirklicht hat. Denn wenn auch einzelne Elemente des »neuen« Stils – der Spitzbogen, das Kreuzrippengewölbe usw. –

schon da und dort aufgetaucht waren, so kam, was in ihnen lebte, hier erst zum Bewußtsein seiner selbst. In Chartres wurde die klassische Idee der Gotik gefunden, die von hier aus durch Jahrhunderte sich tausendfach entfaltete.

Man muß also, will man, was hier entstand, wahrhaft begreifen, zunächst einmal eine Welt denken, in der es keine gotische Kirche gibt. Die Kirchen, die die Welt damals füllten,

Fig. 2. Das Labyrint von Chartres (Durchmesser 12,87 m. Weglänge ca. 250 m)

waren in Formen gebaut, von denen uns Heutigen wiederum nur wenige erhalten geblieben sind: die romanischen Kirchen mit ihrem Rundbogen und ihrem »additiven« Raumgefüge, in dem auf so zauberhafte Weise viele Bauglieder sich zu einem Baukörper zusammenfügten, beherrschten das Bild jener Zeit. In diese Welt hinein stellte der Erbauer von Chartres seine neuen Formen (Abb. 4).

Das zu bedenken ist aus zwei Gründen wichtig. Einmal, weil man nur dann erkennt, daß es sich in Chartres nicht etwa um die »allgemein« in der Gotik gebrauchten Formen handelt. Das gab es erst später. Zum anderen aber und vor allem, weil man sich ja sagen muß, daß jede wahrhafte künstlerische Leistung und insbesondere eine, die so groß war, daß sie Jahrhunderte inspiriert hat, in einem schöpferischen Akt entsteht. Eine Menschenseele erfährt eine wesenhafte Berührung mit einer Welt, die man »das Ewige« oder »das Absolute« nennen mag, die wir lieber als die Geistige Welt bezeichnen möchten. In dieser Berührung entsteht die »Gestalt«, das geistige Urbild. Der geistige Zeugungsvorgang, der eine ganze Epoche inspirieren sollte, vollzog sich hier. Deshalb leuchtet auch nirgends so wie hier die Reinheit und die Größe dessen, was eigentlich gemeint war.

Aber die Frage: Wer hat die Kathedrale erbaut? wäre in Wahrheit mit dem Namen des Architekten allein auch nicht beantwortet. Hinzu kommt die Frage nach den Bildhauern, die am Süd- und Nord-Portal ebenfalls »Epoche machende« Werke schufen, und hinzu kommt vor allem die Frage nach dem oder den geistigen Initianten, die das so großartige und einzigartige »Programm« für die Bildwerke, die plastischen an den Portalen, die malerischen in den Glasfenstern, aber zweifellos mehr als nur das gegeben haben. Zu diesem Werk hatten sich »Viele zur rechten Stunde vereinigt«, und wir können nur die Schicksalsführung verehren, die gerade damals und gerade dort so viele erlauchte Geister zusammenführte.

Sie alle sind uns unbekannt, hinter ihrem Werk verschwunden.

Aber wenn wir auch ihre Namen nicht kennen, so können wir doch die lebendige Tradition, in der jedenfalls die geistigen Initianten gestanden haben, deutlich genug sehen. Es ist die einerseits in der keltisch-druidischen Mysterienwelt, andrerseits im Platonismus wurzelnde Schule von Chartres, die immer noch lebendig war, wenn auch in dieser Zeit äußerlich gesehen die Schulen von Orléans und Paris ihr den Rang abgelaufen hatten. Bei der Betrachtung der Portale und ihrer großartigen Idee, die eindeutig aus der Schule von Chartres stammen muß, wird ausführlicher von ihr zu sprechen sein. Die Menschen, die sie trugen, müssen aber bei dem Ganzen eine bedeutende Rolle gespielt haben. Denn eine Einheitlichkeit, die wie in dieser Kathedrale als ein so gewaltiger Akkord erklingt, ist nur möglich, wenn ein tiefes Einverständnis alle an diesem Bau Mitwirkenden durchdrungen hat.

Es war eine der großen Sternstunden der Menschheit. Was für ein Leben muß in jenen Jahren dort auf dem Hügel gestrahlt haben! Welche Fülle an künstlerischer Inspiration und an geistiger Intuition! Was für Begegnungen, was für Gespräche müssen dort stattgefunden haben! Die großen Zeiten der Schule von Chartres lebten noch einmal auf. Welche Fülle aber auch an hingebender Opferkraft, die weit aus dem Land hierher strömte, daß das ungeheure Werk emporwuchs!

Bei dem großen Brand waren die Krypta und der Westbau – die beiden Türme und das Königsportal – erhalten geblieben. Man beschloß, sie stehen zu lassen und auf und mit ih-

4. Mittelschiff nach Osten. Aufnahme bei herausgenommenen farbigen Fenstern und ohne Gestühl. Das »Labyrinth« in der Mitte des Mittelschiffs wenigstens andeutungsweise sichtbar.

nen den Neubau zu errichten. Daß bei diesem Entschluß der bewußte Wille, an die alte Tradition anzuknüpfen, eine entscheidende Rolle gespielt hat, darf man mit Sicherheit annehmen. Denn in der Praxis ergaben sich dann daraus nicht unerhebliche Schwierigkeiten. Als umso bedeutsamer muß man die Änderung empfinden, die der Grundriß durch die Einfügung des Querschiffs (das der Fulbertus-Kathedrale gefehlt hatte) erfuhr. Damit waren nun aber der Grundriß und das Schema gegeben: eine kreuzförmige Basilika mit Zweiturmfassade sollte entstehen. Gegeben waren auch die Ausmaße und Proportionen, auch die verhältnismäßig sehr große Breite des Mittelschiffs, die dem Bau im Innern seine wunderbare Weite verleiht.

So begann auf den Fundamenten des Fulbertus-Baus, der seinerseits wieder die älteren und ältesten Fundamente in sich bewahrte, der Bau, den wir heute bewundern, emporzuwachsen. Bei gleicher Breite und Länge überstieg er doch in der Höhe den alten Bau gewaltig.

Im Innern zeigt sich das Neue dieses Baues gleich von unten an. Da steigen zunächst in der Mittelschiffwand die großen Arkaden auf (Abb. 5), die die Grenze zu den Seitenschiffen bilden. Und sie stützen sich auf Pfeiler, die – von der Basis an! – von je vier schwächeren umgeben sind (»kantonierte Pfeiler«). Mit eigenen Kapitälen das Kapitäl des Hauptpfeilers umwachsend, tragen die zwei in der Längsrichtung stehenden die Spitzbogen der Arkade, von den beiden anderen trägt der äußere den Gurtbogen[12] des Seitenschiff-Gewölbes, der innere aber wächst, um vier weitere noch schwächere Gefährten vermehrt, höher empor. Sie wachsen durch die nächste Zone hindurch, wo die Triforiengalerie als ein fast zierliches architektonisch-plastisches Gebilde das zweite Geschoß einnimmt. Sie übersteigen auch dieses und wachsen hinein in die Zauberwelt des Lichtgadens, wo immer zwei von ihnen ein aus zwei Spitzbogenfenstern und einer kleinen Rose über ihnen gebildetes Fenstersystem umfassen. In dessen unterem Drittel münden sie erneut in ein Kapitäl, auf das sich nun die Gurt- und Schildbögen und die Rippen des Gewölbes stützen.

So reiht sich Joch an Joch bis zu der von mächtigen Bündelpfeilern umgrenzten Vierung, in der das im gleichen System aufgebaute Querschiff das Langhaus kreuzt, und setzt sich jenseits im Hochchor fort, der, nur durch eine engere Pfeilerstellung vom Mittelschiff unterschieden, steiler emporwächst, inniger durchgebildet ist und in seiner Rundung die Bewegung auffängt und zurückleitet. Nimmt man nun noch hinzu, daß dieser Chor von einem doppelten Umgang – gleichsam von einer Verdoppelung des Seitenschiffs – umfangen wird, so hat man den inneren Aufbau der Kathedrale in allem Wesentlichen vor sich (Abb. 6).

Will man verstehen, was dieser Aufbau bedeutet – sowohl im historischen als auch im ideellen Sinn –, so wird man immer gut daran tun, sich den Aufbau der vorangegangenen großen Kirchenbauten zu vergegenwärtigen.

In dem »additiven« Baustil der romanischen Kirchen hatte die Horizontale die beherrschende Rolle gespielt, in der der ganze Bau auf die Vierung zu und von ihr her aufgebaut war. Die einzelnen Geschosse wiederholten und verstärkten nur im Parallelismus diese Gebärde. Die Arkaden des Erdgeschosses, die mächtige Empore – gleichsam ein Oberge-

5. Nördliche Mittelschiffwand. Man sieht deutlich, wie die vertikalen die großen Horizontalen durchbrechen.

schoß der Seitenschiffe –, die Triforiengalerie (oder an ihrer Stelle das Radfenster-Geschoß), schließlich der Lichtgaden waren aufeinandergeschichtet, durch Gesimse, die die Horizontale in einer strengeren Linie aussprachen, voneinander geschieden, und diese Horizontale durchschnitt als die stärkere und beherrschende Kraft alle aufsteigenden Linien.

Dies Prinzip hatte auch die Bauten beherrscht, die seit der Jahrhundertmitte etwa entstanden waren. Damals begannen neue Formen hervorzudrängen. Der Spitzbogen war aufgetaucht. Vor allem in Burgund war er in den Arkaden des Erdgeschosses die selbstverständliche Form. (Während in den oberen Geschossen mit der gleichen Selbstverständlich-

Fig. 3. Mittelschiffwand Laon (24 m hoch)
Fig. 4. Mittelschiffwand Chartres (36,5 m hoch)

keit weiter der Rundbogen herrschte, man also im vollen Sinne des Wortes von einem »Auftauchen« des Spitzbogens sprechen muß.) Dieser Spitzbogen war ja auch im Westwerk von Chartres schon verwandt worden. Das Kreuzrippen-Gewölbe, das so großartige technische Möglichkeiten bot, war wiederentdeckt worden und stützte sich schon auf »Dienste«, die sich vor die bisher das Gewölbe tragende Wand stellten (St. Denis, Laon, Senlis, Noyon, der erste Bauabschnitt der Notre Dame in Paris u. a.). Aber wenn damit gewissermaßen eine Anzahl neuer Vokabeln aufgetaucht war: die Sprache, in der sie verwandt wurden, war noch die alte. Die »Frühgotik« ist in ihrem Grundgefüge noch romanisch. Das wird am deutlich-

6. Im Chorumgang. Hier, wo komplizierte Wölbungen nötig und jeweils nicht nur vier Gewölberippen zu tragen waren, mußte ein anderes Stützsystem als im Langhaus angewandt werden. Es blieb aber der rhythmische Wechsel von achteckigen und runden Stützen.

sten an der Behandlung der Dienste. Sie beginnen erst auf den Kapitälen der großen Arkaden des Erdgeschosses, das also von ihrer Vertikal-Tendenz völlig unberührt bleibt, und werden dann von den Gesimsen der oberen Geschosse rücksichtslos durchschnitten. Der Gewölbe-Ansatz aber liegt genau in der Basis des Fenstergeschosses. Die Horizontale zieht die Gelenke der Vertikalen auch hier in sich hinein. Überall behaupten sie sich.

Bei allen Bauten dieser Zeit kann man empfinden, daß etwas Neues herandrängt. Aber es kann sich selbst noch nicht begreifen. Es drängt zur Geburt. Aber seine Stunde ist noch nicht gekommen.

Nun sieht man, was auf dem Hügel von Chartres geschehen ist. Die Aufrichte- und Strebekraft der Vertikalen tritt plötzlich, ihrer selbst bewußt geworden, hervor. Das spricht sich zunächst in den hier nun vom Boden an bis in die Wölbung hinein emporwachsenden »Diensten« aus. Sie lassen eine einzige Bewegung ungebrochen und ihrem eigenen Rhythmus folgend, ja den Rhythmus der Horizontalen-Geschosse durchbrechend, von unten nach oben strömen.

Das andere Element ist der Wegfall der Empore, dieser mächtigen horizontal gelagerten tiefen Raummasse, so daß auf die Arkaden des Mittelschiffs sogleich, in schon schwindelnder Höhe, die Triforiengalerie folgt, dieses räumliche, aber nicht Raum schaffende Gebilde, nur etwas wie eine rhythmisierende Pause, eine erste Auflockerung der Wand. Und darüber wächst nun triumphierend der hohe Lichtgaden mit seinen die ganze Wand in zauberhaft farbiges Licht auflösenden riesigen Fenstern empor.

Diese »dreitaktige« Wandgliederung ist gegenüber der »viertaktigen« Ausdruck einer tiefgreifenden Veränderung des ganzen Raumgefühls. Hier sind nicht mehr Geschosse aufeinander geschichtet. Beiderseits des Mittelschiffs wächst in drei Stufen je eine einzige *Wand* empor, nur in verschiedenem Maße aufgelockert. Und ihre Einheitlichkeit wird betont durch das wechselseitige »Übergreifen« der Horizontalen und der Vertikalen, der Gesimse und der Dienste, durch das etwas wie ein Gewebe mit Schuß und Kette entsteht.

Diese »Einheitlichkeit« – das Charakteristikum des »divisiven« Stils, bei dem an die Stelle eines aus vielen mehr oder minder gleichberechtigten Baugliedern sich zusammenfügenden Raumes ein primär einheitlicher, nur sekundär in sich gegliederter Raum tritt – kommt nun auch sonst bedeutungsvoll zur Erscheinung. Die Seitenschiffe haben ihren raumhaften Eigenwert verloren und erhalten, wie von einem Zauberstab berührt, eine ganz andere Bedeutung. Sie stellen jetzt gleichsam nur die untere, entsprechend der Gewichtigkeit des Sockelgeschosses tief in den Raum greifende *Auflockerung der Mittelschiffwand* dar. Im Grunde gilt nur das Mittelschiff. Die Seitenschiffe sind kaum noch seine Begleiter, nur noch etwas wie ein Umgang, »Raumpolster« (Jantzen), einbezogen in die Gesetzmäßigkeit der »diaphanen«, der zweischichtig aufgelockerten Wand. Sie sind eigentlich Begrenzung des einzig in Betracht kommenden mittleren Raumes, freilich keine starre, sondern eine lebendige, gleichsam elastische Begrenzung, die in jedem Augenblick aufzuheben und zu durchbrechen ist.

So steigt also beiderseits des Mittelschiffs je eine einzige Wand empor, nur in verschiedenem Maße in drei Stufen aufgelockert, durchatmet, aufgelöst, aus dem Raumhaften ins Unräumlich-Lichthafte emporgewandelt: unten tief ins Körperhafte greifend, gewissermaßen die Seitenschiffe heraushöhlend; auf der zweiten Stufe, in der Triforiengalerie, nicht mehr raumschaffend, fast, möchte man sagen, plastisch wirksam; auf der dritten Stufe, in den Fenstern, ganz im Malerischen, zweidimensional, raum- und schwerelos. Diese Aufeinanderfolge ist aber ein Prozeß, der kaum besser als mit Begriffen der Schule von Chartres auszusprechen ist: überwunden wird die Macht der dunklen Silva. Herrlich und siegreich offenbart sich die Kraft des göttlichen Lichtes.

Denn das ist das Geheimnis dessen, was von vielen als das größte Wunder von Chartres empfunden wird, um dessentwillen sie dahin pilgern; die über 170 alten farbigen Glasfenster, die dieser Kathedrale durch eine fast unbegreifliche Gunst des Schicksals so gut wie alle erhalten geblieben sind und diese Räume mit einem Licht füllen von einem Zauber, einer Lebendigkeit, die ganz unwirklich scheinen.

Hier in Chartres lernt man verstehen, was die vielberedete »Lichtsehnsucht« der Gotik meinte. Sie suchte nicht das äußere, sie meinte das jenseitige, das Geistes-Licht. Sie meinte nicht das Licht, das nur die Oberfläche der Materie beleuchtet und erglänzen läßt, sondern das Licht, das die Dunkelheit der Materie durchdringt, auflöst und von innen durchglüht. Das ist das Geheimnis all dieser in unbeschreiblichen Farben erglühenden Fenster. Sie sind nicht eigentlich Durchbrechungen der Wand. In ihnen wird die Wand aus sich selbst leuchtender Edelstein, wie in einem alchemistischen Prozeß emporgeläutert. Deshalb entziehen sie sich auch jeder Reproduktion. Jede, selbst die beste, ist eine Verfälschung.

Das Licht, mit dem sie die Kathedrale erfüllen, ist etwas wie ein wesenhaftes Dämmern, das die lebendige Mitte zwischen Licht und Finsternis bildet und das in jedem Augenblick neu entsteht, in fortwährender Verwandlung begriffen, ewig wechselnd. Immerfort in anderer Weise entringt das Licht der Finsternis die zauberhafte Helligkeit. Man kann nicht umhin, an die Geheimnisse uralter persich-zarathustrischer Licht-Mysterien zu denken, deren Inhalt eben der Kampf der Lichtes-Mächte mit den Mächten der Finsternis war. Die dahingehende Vermutung eines geheimnisvollen Zusammenhangs, die schon Strzygowski ausgesprochen hat, kann einem hier in Chartres zur Gewißheit werden.

Aber noch mehr offenbart die Architektur der Kathedrale. Sedlmayr hat mit Recht darauf hingewiesen[13], daß man in ihr nicht nur die aufstrebenden Kräfte erleben dürfe, daß in dem »Baldachin«-Charakter der Wölbungen ebenso ein von oben sich Herabsenkendes zu empfinden sei. Das ist zweifellos richtig. Das Wunderbare ist nur, daß und wie dieses Polarität – in ganz besonderer Weise von den Meistern von Chartres – in der Schwebe gehalten und wie ihr Erlebnis differenziert wurde. Denn sehr häufig, so auch im Mittelschiff von Chartres, wird man unsicher, ob nicht doch nur die in den Diensten aufwärtsstrebenden Kräfte in den Gewölberippen sich fortsetzen. Es gibt keine deutliche Cäsur, wo die beiden Tendenzen einander begegnen. Sie überschneiden sich, gehen ineinander über.

Solche Phänomene nur äußerlich-historisch einzuordnen, genügt nicht. Fragt man, woher sie kommen, muß man immer das Menschliche suchen, aus dem sie hervorwachsen, für das sie »Äußerung« sind. Und dieses Doppel-Erlebnis von aufstrebenden und sich herabsenkenden Kräften ist Gestaltwerdung eines menschlich-menschheitlichen Urerlebnisses, das doch jeder kennt. Wenn die Seele sich mit solch gesammelter Kraft, wie diese Pfeiler und Säulen sie offenbaren, erhebt, antwortet ihr gnadevoll das Obere. Diese Doppelheit ist das Urphänomen alles schöpferisch-geistigen Tätigseins. Und es zeugt von der Wahrhaftigkeit und dem spirituellen Realismus dieser Meister – nicht etwa von ihrem Unvermögen –, daß die Grenze, wo das eine aufhört und das andere beginnt, dabei in der Schwebe gehalten wird.

Diese »himmelstürmende« innere Aufrichte- und Strebekraft aber ist es ja, die die Auflockerung und Durchlichtung der Mauern bis in das wunderbare Aufglühen der Fensterwand bewirkt hat. Das bedeutet, daß wir hier vor einem weiteren, freilich eine Schicht tiefer liegenden menschlichen Urphänomen und seiner Gestaltwerdung stehen.

Man hat von der Gotik – und wir müssen immer im Bewußtsein behalten, daß sie hier in Chartres ihre erste volle Verwirklichung fand – gesagt: Hier würde die Materie der schweren Mauern »zerdacht«, daß von ihnen nichts mehr übrig bleibe als »Kraftlinien«. Das ist richtig. Und ebenso berechtigt ist es, von der französischen »raison« und »clarté« zu sprechen, die in der Logik des Aufbaus zum Ausdruck kommt. Aber es wäre zu kurz gedacht, wenn man damit nur die Verstandeskraft meinte, wenn man nicht sähe, daß diese Denkkraft ja gerade in der himmelstürmenden Aufrichte- und Strebekraft wohnt, die in diesen Bauten wirkt. Es ist *Denken*, das von der Inbrunst gesammelter *Ichhaftigkeit* getragen und durchdrungen, das *Gebet* geworden ist.

Hier in Chartres wohnt man einem Prozeß von weltgeschichtlicher Bedeutung bei. Hier zum ersten Mal tritt im Innern, ihrer selbst bewußt, die Aufrichtekraft des menschlichen Ich hervor. Es ist die erste Verkündigung jener Kräfte, die wenig später – mit dem Beginn der Neuzeit – ganz geboren werden sollen. Hier aber treten sie in einer Form in Erscheinung, die ihre höchste Bestimmung offenbart: Aufrichtekraft als Auferstehungskraft. In ihr wird die Kraft erlebt, die das Irdische verwandelt, das Dunkle, das sie ergreift, von innen her aufleuchten läßt, alles Schwere ins Schwerelose hebend, alle Stofflichkeit durch Form überwindend.[14] In welchem Maße es sich in der Architektur der gotischen Kathedrale um den Durchbruch dieser Wandlungs-Kraft handelt, wird aber erst deutlich, wenn man noch etwas in Betracht zieht. Es besteht ja ein gewaltiger Kontrast zwischen dem Durchlichteten, Schwebenden des Inneren und den ungeheuer schweren Massen der Strebepfeiler und Strebebogen des Außenbaues (Abb. 7). Man ist leicht geneigt, diese nur als konstruktiven Notbehelf anzusehen. Es ist aber deutlich wahrzunehmen, daß der mittelalterliche Architekt sie durchaus in die Gestaltung mit einbezogen hat, in Chartres so, daß die zwei übereinanderliegenden Strebebögen durch radial eingefügte Säulchen verbunden, in die Strebepfeiler selbst Nischen, die Gestalten umschließen, eingehöhlt sind usw.

7. Strebewerk der Nordseite vor dem Querschiff. Rechts unten der Uhren-Pavillon des Jehan de Beauce von 1520.

Dieses Außenwerk *sollte* schwer wirken (Abb. 8). Es sollte die Gewalt der Schwerekräfte, die zu überwinden waren, zum Ausdruck bringen. Ja, man möchte meinen, daß das Innere gar nicht ohne das Äußere empfunden wurde. Man erlebte den ganzen Bau*körper*, nicht nur den Innenraum, den er umschloß und der ja noch gar kein in sich ruhender Raum ist. Man erlebte die ungeheure Dynamik der Verwandlung der Welt in Licht als die eigentlich seine Würde begründende Aufgabe, aber auch die Möglichkeit des Menschen.

Was aber heißt das alles?

Die Baumeister der Kathedrale schufen unter ganz anderen Gesetzen als die heutigen Architekten. Sie schufen keinen Zweckbau. Es ist ein verhängnisvoller Irrtum zu meinen, es sei darauf angekommen, für eine Gemeinde von bestimmter Größe einen Versammlungsraum zu schaffen, würdig und vielleicht durch seine Symbole auch noch belehrend, vielleicht sogar erhebend. In dieser Weise dachte man damals nicht. Es ging vielmehr darum, nicht anders als es bei den alten Tempelbaumeistern der Fall gewesen war, dem Gott ein Haus zu bauen. Einem Gott freilich, der ganz anders war als alle alten Götter – aber doch dem Gott, nicht der Gemeinde seiner Verehrer. Um wirklich ermessen zu können, was hier in Chartres geschah, muß man wenigstens einen kurzen Blick auf die Geschichte des Kultbaus werfen.[15]

Der Mensch baut immer sich. Und im Gestaltwandel seiner Kultbauten zeichnen sich wie in seelischen Seismographen die feinsten Veränderungen auf, die sich in den Tiefen seines Wesens vollziehen in seinem Verhältnis zu sich selbst und zu den göttlichen Gründen der Welt. Durch alle Jahrtausende der Weltgeschichte und die Aufeinanderfolge der Kulturen läßt sich das ablesen. Die tiefste Erschütterung aber, die wirklich wie ein Erdbeben wirkt, das das Unterste zu oberst, das Innerste nach draußen kehrt, zeichnet sich ab im Übergang von der vorchristlichen zur christlichen Welt.

Alle vorchristlichen Kultbauten (der griechische wie der ägyptische, der babylonische, der indische Tempel) haben eines gemeinsam: daß sie »von außen« sind. Von außen her sind sie gestaltet, während das Innere fast unberührt von diesen Kräften bleibt. Von außen her schauen die den Gott Verehrenden auf ihn, um den ebenfalls davor stehenden Altar opfernd versammelt. Nur die zum Priesterstand erhobenen und geweihten Vertreter der Menschengemeinschaft durften das Haus des Gottes betreten, stellten die Kommunikation der Menschheit mit ihm her.

Alle diese Tempel sind – auf verschiedenen Stufen und in mannigfachen Variationen – Ausdruck und architektonische Gestaltwerdung einer Erfahrung oder, wenn man so will, eines Lebensgefühls: es gibt keinen vom Gott bewohnten Innenraum, den der Mensch betreten könnte. Nur von außen kann ihm der Mensch nahen. Und der Mensch, der ihn sucht, wird ihn nicht im Innern finden – er muß hinausgehen, in Ekstase, im heiligen Tempelschlaf, in Wahrträumen sich selbst verlassend.

Der christliche Kultbau hingegen ist von den ersten Anfängen an »von innen«. Das Innere ist mit Gemälden, Mosaiken, kostbaren Säulen ausgestattet, während das Äußere so

8. Strebewerk der Nordseite. In den mächtigen Pfeilern, die die Standfestigkeit des mit solcher Kühnheit erstmalig so hoch und weit gewölbten Baus gewährleisten, oben die Nischen, in denen Heilige stehen.

unscheinbar wie möglich bleibt. Der Altar, an dem das heilige Opfer vollzogen wird, ist ebenso im Innern wie die Gemeinde, die sich darum versammelt. Und man kann sehen, wie in den folgenden Jahrhunderten dieses Innere sich aufzuwölben und immer tiefer auszuhöhlen beginnt.

Denn der Gott, dem sie gebaut sind – das ist die unerhörte neue Erfahrung, der diese Bauten Ausdruck geben –, ist »von innen her«. Seismographisch zeichnen sie das in Wahrheit welt-erschütternde Ereignis auf, daß Er eingezogen, in seiner Menschwerdung eingezogen ist in die Menschheit. Und der Mensch, der ihn sucht, findet ihn nicht in Ekstase, sondern in der Versenkung in sich selbst, in tiefer Besonnenheit, indem er immer mehr zu sich kommt. Von dem immer reicheren Aufgehen dieser inneren Räume im Menschen kündet die ganze romanische Kunst. Mit ihren vielschichtigen Innenräumen, mit ihren gleichsam aus ihrem Innersten, der Vierung, hervorgetriebenen Baugliedern, mit ihren Wölbungen und Aushöhlungen feiert diese Architektur immer großartiger und immer inniger eben das »Innigwerden«, die Eingeborenheit des Gottes.

Nun aber geschieht etwas Neues. Denn wenn noch durch die ganze Epoche der romanischen Kunst hindurch diese von innen her wirkenden Kräfte immer nur bis eben an die in ihrer ganzen Schwere und Dichtigkeit kaum angerührten Außenwände heranreichten, tun sie nun – und es ist eben Chartres, wo das geschieht – einen neuen Schritt. Äußerlich gesehen erscheint er gar nicht groß – in Wirklichkeit führt er in eine ganz neue Welt. Denn wenn jetzt diese »Kräfte von innen her«, wie wir dargestellt haben, die Außenwand ergreifen, auflösen, aller Schwere entkleiden und in Licht aufglühen lassen, dann ist der Gott, den diese Architektur verkündet und preist, nicht mehr der, der »Mensch geboren« wurde, sondern der, der weiterschritt und dem Dunkel des Todes die Auferstehungsleiblichkeit entrang.

Was vor zweitausend Jahren »ein für alle mal« urbildhaft geschehen ist, verwirklicht sich in tieferen Schichten der Menschheit in einem Jahrhunderte währenden Prozeß. Und das ist die unerhörte Bedeutung von Chartres, daß man hier einem Vorgang, einem Ereignis beiwohnt, das in und durch den Menschen geschah, aber seine eigentliche Wirksamkeit in einem viel höheren und umfassenderen Wesen hat, dem Ereignis seiner Ankunft. Diese Inkarnation Auf-er-stehung bewirkender Ich-Kräfte als objektiver Vorgang hat sich eben hier in Chartres in einer mythisch-bildhaften Form unmittelbar aufgezeichnet. Dreimal – am Beginn, in der Mitte und am Ende der Bauzeit der heute bestehenden Kathedrale – wurde die Geburt des Kindes, das dereinst zur Auferstehung führen sollte, dargestellt (Abb. 9, 10, 11). Am Westportal – um 1160 – ruht das Kind noch oben über dem Raum, in dem die Mutter eingeschlossen ist. Am Nordportal – ein halbes Jahrhundert später – ist es, wenn auch immer noch über der Mutter, in den gleichen Raum hinuntergewandert, ihrem Blick und ihrer Hand erreichbar. Noch einmal ein halbes Jahrhundert später entstand die – heute in einer Seitenkapelle der Krypta aufgestellte – Darstellung am Lettner, wo es nun ganz auf der Erde angelangt ist, in dem Raum, zu dem sich seine Mutter nicht mehr aufrichten muß, zu dem sie sich in einer wunderbar umfangenden Gebärde niederbeugt. In einer Krippe, die

9. Das Weihnachtsbild vom Westportal (vgl. S. 63 u. Abb. 21) von etwa 1160. Der Kopf des Kindes ebenso wie der des Engels und Ochs und Esel abgeschlagen.
10. Weihnachtsbild vom Nordportal etwa 1210.
11. Weihnachtsbild vom Lettner etwa 1250.

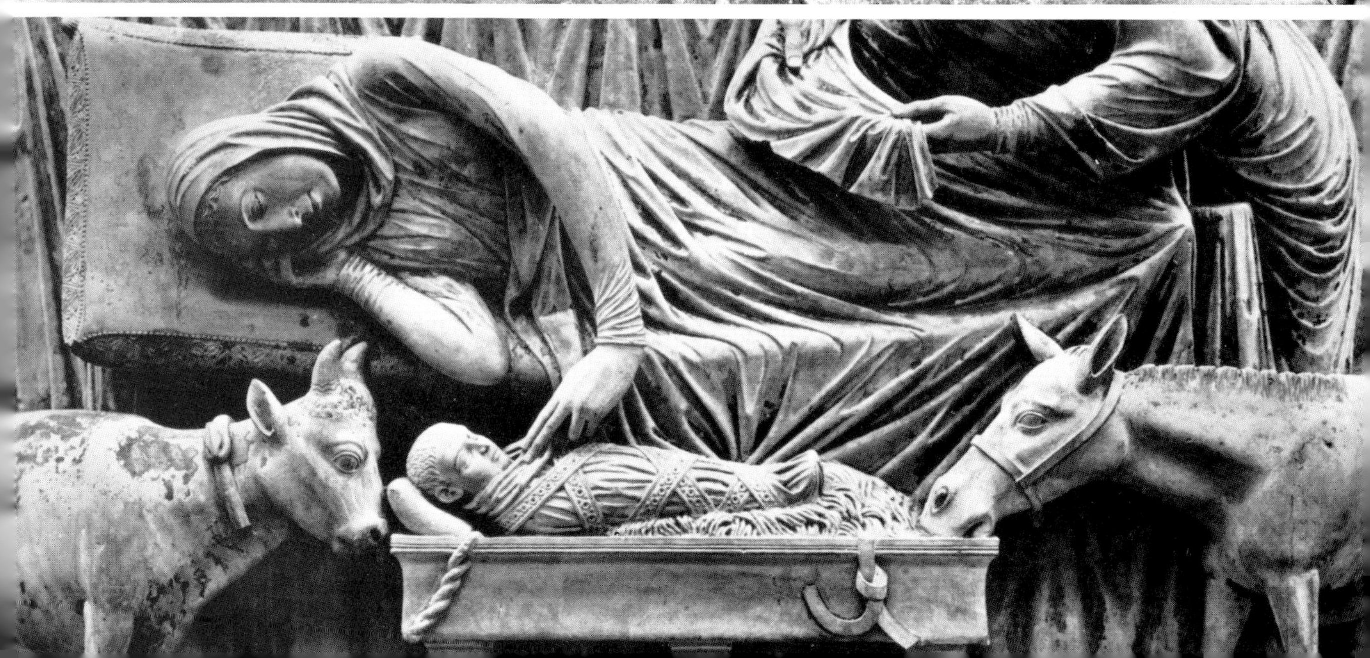

durch drei fest auf der Erde stehende Säulchen ein wenig emporgehoben ist. Nun ist es da. Seine Zauberkraft aber ergreift nicht nur die Wände. Sie ergreift wirklich den ganzen Baukörper und offenbart sich ebenso triumphierend in der Fülle und Überfülle der Gestalten, die in den mächtigen Portalen und Vorhallen nach außen dringen. Denn auch diese Portale sind – das wird noch darzustellen sein – »von innen«. Und wenn das auch schon, seit der Jahrhundertmitte etwa, vielerorts sachte begonnen hatte – erst hier in Chartres offenbart sich ganz, was da in diesem Prozeß gemeint war.

Der Mensch baut immer sich. Für die Zeit von Chartres ist das freilich so zu verstehen, daß das »Ich«, das da »sich« baute, nicht der einzelne Mensch, sondern die Menschengemeinschaft war, in der der Einzelne gebunden war, in der er sich bestätigt fühlte. Das spricht sich aus in der Kollektivität dieser Bauten, die sich ganz in der Reihung vieler gleichartiger Bauglieder erlebten. Aber eben in dieser Menschengemeinschaft ging der Gott auf. Der Gott, der, indem er sich zum Menschsein niederbeugte, den Menschen zu Seinem göttlichen Sein emporhob. Diesem Gott der Auferstehung bauten sie das Haus.

Das ist die Herrlichkeit von Chartres. Das ist der wunderbar ergreifende Atem erhöhter Menschlichkeit, der die Kathedrale wie das Atmen von Engeln durchweht. Das ist das zauberhafte Weben eines irdisch-überirdischen Lichtes, das uns in eine höhere Wirklichkeit hebt.

Vielleicht hat, was hier dargestellt wurde, nicht als bewußter Gedanke in dem Architekten gelebt, war es nur als wortlos unaussprechliche Intuition in dem schöpferischen Akt, in dem er den Bauplan schuf und »empfing«, da. Dieser Prozeß, in dem der »von innen« wirkende Gott einzieht und den Leib ergreift, ist ein objektiver Vorgang, unabhängig von dem Bewußtsein des Menschen und in Schichten sich vollziehend, in die dies Bewußtsein kaum hinreicht. Aber andrerseits kann man sich doch nicht vorstellen, daß solche Gedanken nicht in den Gesprächen wenigstens angeklungen wären, wenn die Meister auf dem Hügel sich begegneten: der Architekt, die Kleriker der Schule von Chartres, die Meisterbildhauer.

Denn wenn die Architektur dies in ihrer monumentalen und intuitiven Sphäre sagt, so offenbart und entfaltet sichs in dem unendlichen Reichtum der bildhaften, »imaginativen« Sphäre der Portale, dort, wo die Kathedrale ihr Inneres öffnet, wo sie – dies Wort in seinem bildhaften Sinn genommen – »sich äußert«: in einer Schicht, wo sowohl die Auswahl als auch die Anordnung der Gestalten gar nicht möglich ist ohne bewußt gefügte Gedanken. Und vielleicht ist eine – wenig beachtete – Eigentümlichkeit von Chartres ein verborgener Hinweis darauf, daß auch der Architekt wußte, was er tat.

In der Kathedrale von Chartres tritt der sogenannte »Stützenwechsel« in der Form auf, daß die Stützen der Mittelschiffswand abwechselnd Säulen und achteckige Pfeiler, die Pfeiler aber jeweils von vier Säulen, die Säulen von vier ebenfalls achteckigen Pfeilern umgeben sind. Was bei dem einen innen, ist bei dem andern außen und umgekehrt. Im Fortschreiten vom einen zum andern aber heißt das: Das Äußere wird ins Innen hineingenommen. Das Innere »äußert« sich in neuer Leiblichkeit. Kann man so etwas auch nur mit Vorsicht aussprechen – ihre tiefsten Weisheiten in solcher Weise zu verschlüsseln, lag in der Linie dessen, was damals Brauch war.

Wenn wir nun im folgenden zur Betrachtung der Portale übergehen, so wollen wir dabei festhalten, daß in ihnen »sich äußert«, was im Innern der Kathedrale lebt. Auch für sie gilt, was Goethe einmal als Gesetz des organischen Wesens der Welt ausgesprochen hat:

»Nichts ist drinnen, nichts ist draußen,
denn was innen, das ist außen...«

Deshalb hat auch der Besucher, der sich die Zeit gönnt, in Ruhe an diesem Ort zu verweilen, immer das Bedürfnis, hin und her zu gehen zwischen Innen und Außen. Bald zu ruhen in der hoheitsvollen Lebendigkeit, die das Innere atmet, bald einzutauchen in die unendlich reiche Fülle der Bilder, in denen an den Portalen doch im Grunde das Innere sich nur entfaltet. Beides ist in Wahrheit eines. Geht man an die Portale hinaus, könnte man sagen, so geht man erst recht hinein.

III. DAS KÖNIGSPORTAL

In der Hinwendung zu diesen mächtigen Portalen betritt man nun eine Welt, in der man ganz eindeutig und unmittelbar den großen Lehrern von Chartres begegnet. Denn Thema und Anordnung der bildnerischen Darstellungen anzugeben, war immer und überall selbstverständlich Sache der Kleriker. Die einzelnen Motive waren in jener Zeit – zum größten Teil – schon ausgebildet und oft gebraucht. Aber wie sie nun hier in Chartres angeordnet und miteinander verbunden wurden, ist so einzigartig und erstaunlich, als habe man bisher nur einzelne, freilich große und geheimnisvolle Worte gestammelt oder Töne gesummt, nun aber aus den Worten Sätze geformt und die Töne zu einem gewaltigen Lied verbunden. Um sie zu vernehmen, bedarf es freilich einiger Geduld; aber dann entdeckt man, daß die großartigen Gedankengänge, die sowohl in den einzelnen Portalen als auch in ihrer Gesamtheit verborgen sind, im Grunde dem modernen Menschen gar nicht so fern liegen.

Von der Entstehungsgeschichte der Westfront und des Königsportals (Abb. 12) ein halbes Jahrhundert vor dem Bau der gotischen Kathedrale ist weiter oben gesprochen worden. Es war die Zeit, in der überall eine neue Formenwelt hervorzudrängen begann. Das gilt auch für die Plastik. Auch sie wandelte sich von Jahrzehnt zu Jahrzehnt. Daraus erklärt sich die Verschiedenartigkeit der Gewändefiguren dieses Portals, der etwas älteren in den Seitenportalen (Abb. 13), der schon eine Spur freieren im Mittelportal (Abb. 14, 15, 16). Aus einem Wald hintereinander aufwachsender Säulen hervorgetreten, sind sie doch noch ganz in deren Strenge hineingebunden und in den Zauber des geheimnisvollen Lebens eingehüllt, der dort in einer Überfülle von Figuren und Formen webt.

Seinen Namen »Portail Royal« trägt das Portal von altersher.[16] Mag er zunächst von eben jenen Gestalten der alt-testamentlichen Könige und Königinnen herkommen, die so feierlich in den Gewänden stehen, er spricht gleichzeitig den Gesamtcharakter aus, der wahrhaft etwas Königliches hat. Es öffnet sich im Dreiklang der etwas höheren und breiteren Mittelpforte und der etwas schmäleren und niedrigeren Seitenpforten tief eingeschnitten und nach innen sich verjüngend. Diese Portale stellen mehr dar als nur Eingang. Sie wecken das Erlebnis des »Hineingehens durch die enge Pforte«, das verbunden ist mit dem Erlebnis des Geprüftwerdens. Denn wer sich diesem Portal naht und es durchschreiten will, fühlt sich – auch wenn sie über einen hinwegblicken – angeschaut von den königlichen Gestalten in den Gewänden. Der Weg, dessen Schwelle sie sind, ist nicht mit äußeren Maßen zu messen. Das Erlebnis des uralt-heiligen Mysterienweges ist in diesem Portal. Deshalb ist es selbst voller Geheimnisse.

In den Tympanen[17] findet man dargestellt – in der Mitte: Christus umgeben von den apokalyptischen Tieren; links: die Himmelfahrt; rechts: die Geburt Christi. Also: der ewig wirkende Christus inmitten der Bilder, die auf sein Eintreten in die Erdenleiblichkeit und das Verlassen dieser Erscheinungsform hinweisen. Nimmt man hinzu, daß in den Kapitälen der Gewändepfeiler ungezählte kleine Figuren eine Fülle von Szenen aus dem Erdenleben des Christus darstellen, so ist das Thema klar. Nun aber muß man das erste Rätsel sehen: in der Weise, wie wir zu lesen gewohnt sind, würden wir erwarten, die Geburt links, die Himmelfahrt rechts dargestellt zu sehen. Sie stehen aber umgekehrt: die Geburt über dem rechten, die Himmelfahrt über dem linken Portal.

Man muß hier umdenken lernen. Wir Heutigen empfinden ein Portal als etwas, was von außen dem Bau, vielleicht zur Verschönerung, vor- oder angesetzt ist. Der mittelalterliche Mensch, der die Kathedrale als Behausung, als geheimnisvollen Leib des Geistes erbaute, erlebte das in besonderer Lebendigkeit an den Portalen. Er erlebte sie von innen her als Glieder in einem lebendigen Organismus, Organe, die der Leib der Kathedrale aus sich herausgetrieben hat. Und die Bildwelt, die sie tragen, ist bewirkt – besser gesagt: gewirkt – durch das von innen her entgegendrängende, in seinem Ursprung noch unbildliche, wesenhafte Geistige, das erst in der Schicht des Hüllenhaften sich in Bildern »äußert«.

Diese von innen her wirkende Wachstumskraft wird unmittelbar anschaulich durch die Anordnung der schon erwähnten Bilderfolge in den Kapitälen, die sich wie ein Fries durch diese ganze Zone hinzieht. Sie beginnt nämlich am linken Pfeiler des Mittelportals und geht von da nach links bis zum äußersten Pfeiler des linken Seitenportals, beginnt erneut am rechten Pfeiler des Mittelportals und geht von da nach rechts bis zum äußersten Pfeiler des rechten Seitenportals. Sie kommt also wie ein zweigeteilter Strom aus dem Inneren der Kathedrale.

In der gleichen Weise muß man auch die Tympanon-Bilder gewissermaßen von innen her in die Portalflächen projiziert empfinden. Sie verlangen eigentlich, daß man sie von drinnen her liest – auch wenn man draußen vor ihnen steht. Dann erscheinen sie an der »richtigen« Stelle. So offenbart gerade diese scheinbare Rätselhaftigkeit der Anordnung etwas von dem zauberhaften Lebensgeheimnis der Kathedrale.

Nun aber sind Portale doch Eingänge, durch die man den Bau betritt. Und von daher offenbaren sie noch einmal ein Geheimnis. Denn diese Bauten sind ja noch in einem ganz anderen Sinne als heute nicht für Betrachter, sondern für Besucher geschaffen worden. Sie meinen nicht den, der sie – wenn auch noch so bewundernd – doch aus mehr oder minder kühler Distanz anschaut, sondern den, der in sie eintritt, sich mit seinem ganzen Wesen, seiner ganzen Existenz in sie »einläßt«. In diesem Sinne, in diesem Zusammenhang muß man den dynamischen Charakter dieser Portale, der sich in der oben dargestellten Eigenart offenbart, verstehen. Indem sie den, der sie betrat, in ihr kraftvolles Leben einbezogen, bewirkten sie in ihm ein »Begegnungs«- und »Umkehr«-Erlebnis. Der Mensch erlebte das ihm Entgegenkommende. Und indem er veranlaßt war, sich in diesen im Verhältnis zur Rich-

12. Das Westportal (um 1150)
13. Vom Gewände des linken Portals.
14. Vom linken Gewände des Mittelportals.
15. Gewändepfeiler zwischen Mittel- und rechtem Portal

tung seines Weges umgekehrt gerichteten Strom hineinzustellen – draußen stehend, von innen zu lesen –, erlebte er sich selbst sich entgegenkommen. Sich selbst freilich eingetaucht in ein hohes geistiges Leben, als das, was er werden kann und soll. Er stand wiederum in einem der Erlebnisse, die zu den Urerlebnissen aller Mysterienwege gehörten und gehören.

Versuchen wir nun, die einzelnen Elemente, die einzelnen Worte dieser geistigen Dramatik zu entziffern.

Das beherrschende Bild, zu dem der Blick immer wieder hingezogen wird, ist das über dem *Mittelportal* (Abb. 17): auf dem Türsturz in vier Gruppen zu je dreien die zwölf Apostel wie in einem offenen Säulengang sitzend, rechts und links von ihnen zwei stehende Gestalten, deren Bedeutung noch unbekannt ist. Über ihnen, in einer Sphäre, die durch wenige Wellenlinien leise als »in den Wolken« angedeutet wird, thront in wunderbar ruhevoller Majestät der Christus, in der Linken das auf dem linken Knie aufgestützte Buch haltend, die Rechte segnend erhoben, eingeschlossen in das große Auge der Mandorla (Abb. 18), umgeben von den vier Flügelwesen: Löwe, Engelmensch, Adler, Stier, die jedes ihrerseits ebenfalls ein Buch halten und sich so zugleich als Evangelisten-Symbole darstellen. Die gewaltige und doch gebändigte Bewegtheit dieser vier umgebenden Wesen steigert noch die unendliche Stille, das vollkommene In-sich-selber-Ruhen der Christusgestalt. Wie in den Tieren gleichsam die ganze Dramatik der welterschütternden apokalyptischen Geschehnisse Gestalt annimmt, so in der Christus-Gestalt das, was in der Apokalypse selbst immer wieder als der innerste verborgene Mittelpunkt des Geschehens aufblitzt: tiefe Stille, ruhevolles Leuchten. Und das Ganze wird in den Bogenläufen umgeben von einem Kranz von Engeln im innersten, den 24 Ältesten im mittleren und äußeren Bogen. Diese letzteren, königliche Gestalten, Kronen auf den Häuptern, sitzen auf oder stehen vor Thronsesseln und halten Harfen, Geigen und andere Instrumente in den Händen. Sie »singen das neue Lied« (Apok. 5,8). In Chartres, der Stätte einstiger musikalisch-druidischer Kultur, spricht dies große Bild mit einem lebendigen Klang wie sonst nirgends. Aber um es in seiner vollen Wirklichkeit zu begreifen, muß man dies Bild nicht an einer geschlossenen Kathedrale sehen, sondern über einem weit geöffneten Portal. Was sähe man dann? Dies Bild erschiene über dem im fernen Inneren vom Licht der Kerzen umstrahlten Altar, an dem der Priester die Wandlung vollzieht. Man mag sich dabei erinnern, daß in der frühchristlichen Basilika das gleiche Motiv auf der Apsiswand, später auf dem Triumphbogen – immer also über dem Altar – erschien und gewissermaßen nur langsam immer weiter nach vorn und außen gewandert ist.

Was sich in den Bildern dieses Portals darstellt, ist tatsächlich nichts anderes als der kosmisch-apokalyptische Aspekt des zentralen christlichen Mysteriums: der Wandlung der Welt. Es sei erlaubt, es einmal von der spezifischen Seite aus anzudeuten, die sich gerade in Chartres darbietet.[18]

16. König aus dem linken Gewände des rechten Seitenportals. Die einzelnen Gestalten dieses Portals sind nicht zu identifizieren. Die Bezeichnung »portail royal« schon sehr früh, obwohl nicht nur Könige und Königinnen dargestellt.

Die vielfältig bezeugte Tatsache, daß die Druiden eine dichterisch-musikalische Kultur pflegten, muß man auf dem Hintergrund der alten Mysterien sehen. Was man dort suchte, war ja: einzutauchen in den Klang der Weltschöpfung, hineinzulauschen in die bildenden, formenden Urklänge der Welt, die Pythagoras in den Sphärenharmonien vernahm, deren Orpheus mächtig war, die Goethe wieder ahnte (»Die Sonne tönt nach alter Weise in Brudersphären Wettgesang«). Was man in allem religiösen Leben der alten Zeit suchte, war: sich selber, sein gottentfremdetes, todverwandtes und dem Bösen verfallenes Ich zu verlassen und auf den Wogen kultisch-magischer Klänge sich wieder hinübertragen zu lassen in die reine ungetrübte Götterwelt. Auch die große Kultur Ägyptens war ganz von diesem Element durchdrungen. »Re« = »Sprechen« hieß das göttliche Schöpferwesen der Sonne. Und das Viergetier der Sphinx wird nur in diesem Zusammenhang verständlich; freilich zugleich in seinem tragischen Aspekt.

Götterdämmerung tritt ein. Der Wolf verschlingt die Sonne. Die paradiesischen Sphärenharmonien verklingen. Es kommt die Zeit, da der Mensch das geheimnisvolle Schöpferwort nicht mehr vernimmt. Die Welt, der Kosmos, symbolhaft erlebt in den vier Hauptpunkten des Tierkreises Löwe, Adler (Skorpion), Stier und Engelmensch (Wassermann), wird nun zur rätselvollen Sphinx, die das Wort verschweigt. Aber der Mensch kann nicht leben ohne das WORT. Er stürzt in den Abgrund und stirbt, wenn er es nicht findet – wie es die Ödipussage schildert. Das war die tragische Situation aller vorchristlichen Kulturen und Religionen – und ist, könnte man hinzufügen, immer noch die tragische Situation aller Kultur, die vorchristlich ist, die den Christus-Impuls in seiner eigentlichen Bedeutung nicht aufnimmt.

Was das Königs-Portal von Chartres verkündet, ist aber dies: In der stumm gewordenen Welt beginnt es wieder zu klingen. Das »neue Lied« ertönt: Es erklingt von eben daher, von wo das tödliche Verstummen ausgegangen war: aus der Welt des Menschen. Etwas ist geschehen; etwas Ungeheures, durch das ihm das Wort neu geschenkt ward. Er singt »das neue Lied«. Denn was zuerst von den 24 Ältesten gesagt ist (Abb. 19, 20), wird von dem Apokalyptiker als etwas geschildert, was der ganzen Menschheit, soweit sie im Fortgang der Entwicklung vom Christus-Impuls durchdrungen ist (den 144000), zukommt. Auch sie singen »das neue Lied« (Apok. 14,3).

Wie muß das an einer Stätte, an der man in so tragischer Weise das Verstummen des alten Druidengesanges erfahren hatte, in den Tiefen der Menschenseele erlebt worden sein! Der Mensch kann wieder singen! Seine Stimme erklingt, wird hörbar in den Weltensphären. Ja, jetzt eigentlich erst wird *seine* Stimme hörbar. Das ist das »neue« Lied. Denn vordem war es nur der Göttergesang, in den sich der Mensch hineinlauschte. Das ist das Wunder. Etwas ist geschehen in der Welt, das alles verändert hat. Der *Mensch* singt. Denn – *das Weltenwort ist Mensch geworden.* Im Menschensohn, der höheren Stufe des Menschseins, ist es offenbar geworden. Von innen her erklingt jetzt, was vordem von außen her lichtvoll und gestaltend hereingewirkt hatte.

17. West, Mittelportal. Das machtvolle Hervortreten des »neuen« Menschen als eines in sich und von innen bestimmten Wesens beginnt schon in den feierlich aufgerichteten Gestalten des Gewändes und kulminiert in der Gestalt des Menschensohnes im Tympanon.

Das wird ganz deutlich in einer Aussage, die wesenhaft dazugehört. Es wird ja gesagt (Apok. 14,3), daß dies Lied niemand lernen kann als die 144000. Das heißt: es ist nichts, was man von außen her als ein Fertiges lernen kann. Es ist überhaupt nichts Fertiges. Es muß immer wieder erzeugt werden. Es setzt eine bestimmte Fähigkeit voraus, die in den 144000 allein lebt: die schöpferische Fähigkeit, alles neu zu machen. Das heißt in der Sprache moderner Begriffe: moralische Phantasie entwickeln, aus moralischen Intuitionen handeln.

Was Rudolf Steiner in seiner »Philosophie der Freiheit« mit diesen Begriffen meinte, ist ja nichts anderes als: handelst du so, dann handelt der Christus in dir. Der, der sagte: »Siehe, ich mache alles neu.«

Der moderne Mensch weiß von diesen Geheimnissen im Grunde sehr viel. Er weiß, daß man den Problemen der Welt nicht mit »alten« fertigen Rezepten und mit feststehenden Maximen beikommt. Er weiß, daß die Zeit, aus überlieferten von außen kommenden Gesetzen zu handeln, längst vorbei ist, daß er sich den Problemen und Rätseln des Daseins immer wieder neu aussetzen und immer wieder neu in sich schöpferisch die Antworten finden muß. Tut er dies in reiner Hingabe und findet er Antwort aus dem Geiste heraus, so singt er »das neue Lied«.

Im Innersten des Menschen, in seinem Ich klingt es auf. An eben dem Ort, der den Alten nur der Ort des Todes war. Das Wort, aus dem die Welt geworden ist, in dessen ferne Schöpfermacht die Alten sich hinausträumten, ist Mensch geworden. Das Wort ist auferstanden und aufersteht immer weiter aus der Stätte des Todes, aus dem Menschen. Und Handlungen, die in diesem Geiste geschehen, verwandeln die Erde. Denn sie enthalten das Geheimnis, daß sie nur geschehen können in der Hingabe – der Liebe, die sich identifiziert mit ihrem Gegenstand. So wie Christus im Abendmahl »Ich« zur ganzen Erde sagt.

Das also heißt es, wenn wir das mittlere Tympanon des Königsportals bei geöffneten Türen sehen. Über dem Altar, auf dem sich das Mysterium von Golgatha immer wieder erneuert, erscheint das Bild, das seine kosmische und menschheitliche Bedeutung offenbart. Ungeheure Weltdramatik, leuchtende Stille inmitten – und der Mensch singt. Er singt »das neue Lied«.

Die beiden Darstellungen, die dieses gewaltige Bild rechts und links einrahmen, kann man nun verstehen lernen als solche, die das Wunder, das sich im Mittelbild offenbart, näher erklären; erklären in dem einzigen Sinn freilich, in dem das für ein Wunder möglich ist: nicht es banalisierend, sondern nur es klarer und größer aufleuchten lassend. Sie stellen gleichsam die Voraussetzungen dafür dar, den Prozeß seiner Verwirklichung: Geburt und Himmelfahrt, die beiden Tore, durch die das *Wort*, aus den kosmischen Höhen und Weiten kommend, Mensch ward – und wiederum, das zeitliche Menschsein verlassend, in das überzeitliche Wolkensein der Höhen aufstieg; so diese beiden Tore, die sonst das Menschenleben vom Ewigen abschließen, aufstoßend.

18. Der Menschensohn im Tympanon des Mittelportals.
19. Apokalyptische Könige aus den Archivolten des Mittelportals, das »Neue Lied« singend.
20. Detail von Abb. 19.

Türsturz und Tympanon des *rechten Seitenportals* (Abb. 21) zeigen in drei Schichten: unten die Geburt, umrahmt von Verkündigung und Heimsuchung auf der linken, der Engelsbotschaft an die Hirten auf der rechten Seite; in der Mittelzone: die Darstellung im Tempel, das Kind auf einem Altar stehend, rechts und links gehalten von Josef und Maria, die aber jeweils nur die Ersten in zwei Zügen von Gestalten sind, die opfernd an den Altar heranziehen; schließlich in dem oberen Giebelfeld, das Ganze beherrschend, groß, triumphierend, die thronende Jungfrau, das Kind, das ursprünglich wohl die Rechte segnend erhob, vor sich; rechts und links zwei wunderbar bewegte große Engel, die Rauchfässer schwingen.

Von dieser Jungfrau mit dem Kind sagt die Überlieferung, sie sei ein getreues Nachbild der einstigen uralten, noch aus vorchristlichen Zeiten stammenden »virgo paritura« in der Krypta gewesen. Wenn das auch sicher im äußeren Sinne nicht der Fall ist – zu deutlich trägt sie das Formgepräge des 12. Jahrhunderts –, so war doch jedenfalls die gleiche gemeint. Die Jungfrau, die bisher im Mysteriendunkel der Krypta verborgen war, ist hervorgetreten. In der Tat ist diese Mariengestalt die erste, die an einem Portal erscheint. Von hier aus wanderte sie weiter an die Portale anderer Kirchen, zunächst an die Notre Dame in Paris, wo die entsprechende Darstellung am Westportal, wie wir wissen, eine ganz bewußte Herübernahme der »Dame von Chartres« war. So bedeutet also dieses Portal eine gewichtige Epoche in der Geschichte der Marien-Verehrung. Aber es ist eine unerlaubte Vereinfachung und Bequemlichkeit, wenn man diese Gestalt und die Verehrung, die ihr dargebracht wurde, ohne weiteres mit dem gleichsetzt, was heutiger Marienkult ist. Es ist die »Dame von Chartres«.[19]

Mit unübersehbarer Deutlichkeit spricht dies Portal davon, daß die Menschheit jener Epoche das Ereignis der Weihnacht, in der die virgo paritura (die Jungfrau, die gebären soll) zur virgo quae peperit (die geboren hat) wurde, – damit aber diese Gestalt selbst auch – noch von ganz anderen Kräften durchwoben fühlte als wir Heutigen. In all den Szenen, die sich darstellen, spielt das Idyllisch-Gemüthafte und Lieblich-Anekdotische noch gar keine Rolle. Vom Rhythmus einer sehr feierlichen Musik ist alles durchdrungen. Und insbesondere die eigentliche Darstellung der Geburt schildert dies Ereignis als kultischen und nicht als menschlich-idyllischen Vorgang.[20] Der Ort der Geburt ist eher ein Altar als sonst etwas. In seinem Inneren ruht die virgo, auf ihm liegt das Kind. Das wird noch betont dadurch, daß genau darüber – in der mittleren Bildschicht – der Altar steht, auf dem das Kind »dargestellt« wird in einer Szene, die wiederum mehr als Mysterienszene denn als Familienfest wirkt. Hier geht es um ganz andere Dinge als um die Geburt eines Menschen-Kindes. Der Atem einer überpersönlich-kosmischen Empfindung weht durch diese Bilder.

Vollends ins Überpersönliche gehoben erscheint aber dieses Ereignis und erscheint die Jungfrau selbst durch die aus den *Bogenläufen* hervortretenden Gestalten. Denn da sind – nach den Engelsgestalten im inneren – im äußeren Bogen die sieben Freien Künste, jeweils mit ihrem hervorragendsten menschlichen Vertreter, dargestellt. Was haben sie mit dem

21. Tympanon des rechten Seitenportals. Im Türsturz: Verkündigung, Heimsuchung, Geburt, Hirten. Darüber die Darstellung im Tempel. Oben thronende Maria mit Kind von ursprünglich Rauchfässer schwingenden Engeln verehrt. In den Archivolten die Sieben Freien Künste.

Weihnachts-Ereignis zu tun? – Aber gerade diese zunächst rätselhafte Zusammenstellung kann einem weiterhelfen, dem Geheimnis der virgo paritura und ihrer Verwandlung näher zu kommen.

Die sieben Freien Künste (Abb. 22) der mittelalterlichen Geistesschulung (Grammatik, Dialektik, Rhetorik – das Trivium; Arithmetik, Geometrie, Astronomie, Musik – das Quadrivium)[21] dürfen nicht mit den Fakultäten oder Fachgebieten heutiger Hochschulen verglichen werden. Bei ihrem Studium kam es nicht auf Sammlung von Wissen, sondern auf Übung von Seelenfähigkeiten, auf innerliche Erfahrungen an. Also auch: auf Verwandlungen der Seele. Und wenn man sie sich personifiziert vorstellte, dann bedeutet das, daß man sie nicht als menschlich-innerseelische Eigenschaften oder Fähigkeiten, sondern als übermenschlich-kosmische Wesenhaftigkeiten erlebte. Nicht waren sie menschliche Schöpfungen. Der Mensch war ihre Schöpfung.[22] Gerade im Sinne des in der Schule von Chartres gepflegten Platonismus muß man sie verstehen als Wesenhaftigkeiten, die in der Welt gleichsam als deren Baumeister leben und andererseits, in Menschenseelen wirkend, diese zum Begreifen der Welt fähig machen. Zu einem Begreifen, das nicht nur ein Zuschauen, sondern ein wesenhaftes Teilnehmen am Weltgeschehen war.

Wiederum aber ging es nicht nur um das Begreifen der Welt. Wichtiger war, daß die Seele durch diese Übung verwandelt, aus ihrem Dumpf-Emotionellen sich emporringend, wesenhaft teilhaftig wurde der reinen göttlichen Ideenwelt. Sie wuchs ins Selbstlose, Überpersönliche. Ein königliches und jungfräuliches Element zog in sie ein. Sie bereitete sich, den Sohn, die wahre übermenschliche *göttliche* Ichhaftigkeit zu empfangen und zu gebären. Und wenn als die Hauptvertreter oder Schüler dieser Wesenheiten Persönlichkeiten des griechisch-römischen Kulturkreises erscheinen (Aristoteles [Abb. 23], Euklid, Pythagoras, Cicero u. a.), so wird damit gewissermaßen die Geistesgeschichte der Menschheit als etwas erlebt, was im Großen, Menschheitlichen, im historischen Werden das gleiche ist wie der Seelenweg, den der einzelne Mensch beschreiten kann. Das Wirken dieser Menschen ist Glied in dem Wirken übersinnlicher Mächte an der Menschheit, damit das Gefäß bereitet wird, in dem dann wunderbar das göttliche Welten-Ich, das Weltenwort die Erde betritt.

Mit der Jungfrau in diesem Portal ist noch gar nicht so sehr die historische Gestalt der Maria, noch nicht eine Einzelpersönlichkeit gemeint! Es ist eine mythische Gestalt. Und ihre Geschichtlichkeit wird noch nicht so sehr im äußeren, physischen Gebiet erlebt, vielmehr in dem der von Seelenhaftem durchwobenen ätherischen Bildekräfte. Diese Jungfrau mit dem Kind ist, könnte man sagen, ein Bild der Tatsache, daß der Mensch seiner Anlage und seiner Möglichkeit nach durch ein gnadevolles Geschehen verwandelt ist. – Aber dahinter dämmert noch eine andere, ältere Gestalt auf, gerade wenn man daran denkt, daß die sieben Freien Künste ja als in der Welt wirkende Wesenheiten erlebt wurden. Diese ältere Göttin ahnt man, wenn man versteht, daß der als ein besonderes Heiligtum in Chartres bewahrte Schleier, die »Tunika« der Jungfrau, nur der mißverständliche Vordergrund ist für den eigentlich gemeinten: »der Gottheit lebendiges Kleid«. Die Natur ist die Hülle, die

22. Aus den Archivolten des rechten Seitenportals. Links Musica über Pythagoras. Rechts Grammatica über Donatus oder Priscianus.

diese uralte und doch ewig junge, jungfräuliche Gottheit in sich verbirgt. Ihr Atem, das Geheimnis der »Göttin Natura«, die gerade in der Schule von Chartres eine so große Rolle spielte, weht leise mit durch diese Darstellung.[23]

Deshalb ist das Weihnachts-Ereignis nicht nur etwas auf den Menschen Bezügliches. Es ist ein Welt-Ereignis, ein Stück Welten-Kultus, wo Inneres und Äußeres, Geistig-Seelisches und Naturhaftes ineinander weben – ein Geschehen von unendlicher Feierlichkeit.

Geht man nun hinüber zum *linken Seitenportal* (Abb. 24), so findet man dort den anderen Pol des Geschehens, der sich erfüllt, nachdem der durch das Tor der Geburt Getretene den Weg der Menschwerdung ganz ausgeschritten, sich ganz, bis in das Grab, vereint hat dem Erdensein – um ihm den Auferstehungsleib zu entringen. Nun fährt Er gen Himmel. Im Türsturz sind die Apostel[24] wiederum – im äußeren Sinne ganz unrealistisch – thronend dargestellt. Sie schauen nach oben, wo in den Wolken, groß, hoch aufgerichtet, segnend Christus steht, zwei Engel in wunderbar strömend bewegter Gebärde zur Rechten und zur Linken. Dazwischen, aus der Wolkensphäre herabfahrend, vier Engel, die mit sprechenden Gebärden die Jünger über den Sinn des Geschehens unterweisen.

Heißt das nun: Siehe, Er verläßt die Erde wieder, die er besucht hatte?

Die Lehrer und Meister von Chartres wußten das Mysterium dieses Ereignisses in einer wunderbaren Genauigkeit auszusprechen und darzustellen. Schon die Tympanon-Darstellung selbst weist auf die spirituelle Realität hin. Die Wolken, von denen der Auferstandene aufgenommen wird, werden in der gleichen Weise dargestellt, wie man im Mittelalter einen Fluß darstellte, und die Engel wie die Flußgötter, die aus Amphoren das Wasser ausschütten: rhythmisch strömende Bewegtheit, Sphäre strömenden Lebens – das spricht dieses Bild zunächst aus. Genauer aber noch wird die Sphäre definiert in den Bildern der Bogenläufe. Denn wie wir in der Gesamtheit des rechten Geburts-Portals der geistigen Wirklichkeit entsprechend eine zentripetale, von außen nach innen gleichsam zusammenschießende Kräftewelt haben, so hier eine zentrifugale, von innen nach außen wachsend sich ausdehnende.

Wenn man hier in den beiden als Mittelfeld des Tympanons umgebenden *Bogenläufen* die Tierkreisbilder (Abb. 25) sieht, so meint man zunächst zu verstehen: also in die Weiten der Sternenwelt ist Er gegangen. Dann aber sieht man unter den Tierkreisbildern jeweils das zugehörige Monatsbild angebracht. Das heißt, dieser Tierkreis ist nicht räumlich, sondern zeitlich gemeint, Inbegriff des Jahreslaufes. Und man entdeckt, daß das ja genau das Gegenteil von dem bedeutet, was man gemeinhin etwa unter der Himmelfahrt versteht. Es heißt nicht: Er ist fortgegangen – sondern: Sein Fortgehen bedeutet zugleich ein neues Kommen. Er ist in die Sphäre des großen Werdens und Vergehens, in den strömenden Atem, der das Elementarische der Erde durchweht, eingegangen.[25]

Nun versteht man auch: die leicht angedeuteten Wolken unter dem apokalyptischen Bild der Mittelpforte, in oder auf denen auch die untersten umgebenden Engel stehen, sind die

23. Aristoteles. Aus den Archivolten des rechten Seitenportals (unten links). Als menschlicher Vertreter der Dialektik.

gleichen, in die Er bei der Himmelfahrt eingegangen ist. Auch das apokalyptische Mittelbild meint etwas Gegenwärtiges. Er hat wahrgemacht Sein Wort: »Siehe, ich bin bei euch alle Tage bis an das Ende der Erdenzeit.« Er ist da. Aber Sein Dasein ist nicht statisch, sondern dynamisch zu verstehen: als das Überschwebende, das im Prozeß des Werdens und Vergehens Wirkende und sich Verwirklichende. Die Menschenwelt überschwebt Er. Denn der Mensch ist das Wesen, in dessen Wirken Er wirksam sein kann.

Ist einem so der Sinn der Bildwelt über dem Himmelfahrts-Portal und seine Verbindung zu der des Mittelportals deutlich geworden, dann ergibt sich noch eine wunderbare Verbindung zu einer anderen Figur. An der Südwand des clocher neuf, des südlichen Turmes, steht ein Engel, der eine Sonnenuhr in seinen Händen hält.[26] Der Engel trägt die Zeit. Zeit ist nicht Geld (Abb. 26). Zeit ist auch nicht etwas, aus dem man sich hinaussehnen sollte. Zeit ist etwas Heiliges. Zeit ist die Sphäre, in der der Wirkende und Wandelnde lebt.

Schaut man nun noch einmal auf den Dreiklang des Portail Royal in seiner Gesamtheit zurück, auf die Fülle seiner Bilder und auf seine Dynamik – dann sieht man ein gewaltiges »Mensch, erkenne dich selbst!« vor sich hingestellt. In den Gewänden die Figuren der Vorfahren, die Vergangenheit, das Gewordene, das, was man aus den Kräften der Vererbung geworden ist, der natürliche Mensch. Darüber aber, eingetaucht in das Erlebnis der Selbstbegegnung, der Menschensohn, der Geistesmensch, das, was mit dem Menschen gemeint, was ihm zugedacht ist, sein Zukünftiges, das ihn überschwebt als »Bild des, das er werden soll.« In diesem größeren Sinne ist das »Erkenne dich selbst!« zu verstehen, mit einschließend jene alte Bedeutung, in der »erkennen« mit »zeugen« gleichgesetzt wurde. (»Adam erkannte sein Weib ... und sie gebar.«) Denn der Mensch ist etwas, das sich selbst erst hervorbringen muß. Aber sein Urbild ist erschienen. Leuchtend, in kosmischer Gewalt und Größe überschwebt es ihn. Aus kosmischen Welten kommt er sich selbst entgegen.

Das ist der Mysterienweg, den das Portail Royal vor dem Menschen öffnet. Wahrhaftig, mit Recht trägt es seinen Namen. Königliche Weisheit, königliches Menschentum hat es gebildet und strömt von ihm aus. Das ist es auch, was die königlichen Gestalten dieses Portals erfüllt als leuchtendes Leben, das erhöhte Leben des Geistes, der Atem eines Bewußtseins, das in die Ewigkeit schaut. Gefaßt und gebändigt ist alles Irdische. Die Souveränität des Geistes erstrahlt in heilig überirdischer Freude.

24. Tympanon des linken Seitenportals mit Himmelfahrt und Monatsbildern.
25. Aus den Archivolten des linken Portals: der Juli (Ernte) unter dem Krebs; der April (Frühling) unter dem Widder.
26. Der Engel mit der Sonnenuhr vom clocher neuf. Die Sonnenuhr aus dem 16. Jhdt., der Engel aus der Zeit des Königs-Portals.

IV. DAS QUERHAUS: NORD- UND SÜDPORTAL

Als das Querhaus mit seinen mächtigen Portalen emporzuwachsen begann, war seit der Entstehung des Königsportals mehr als ein halbes Jahrhundert vergangen. Das heißt, daß von den Meistern, die die Herrlichkeit des Portail Royal geschaffen hatten, wohl keiner mehr wirksam war. Aber waren auch die Menschen ins Grab gesunken, der Geist, aus dem es sich entfaltet hatte, lebte weiter. Noch einmal hatte er Menschen gefunden, die ihn tragen konnten, durch die er wirken konnte. Die Meister dieses 13. Jahrhunderts schufen etwas, was auf wahrhaft geniale Weise das Thema aufgriff und in einer Art variierte, die dem durch die Architektur gegebenen steinernen Urgedanken des Querschiffs, das das Längsschiff »kreuzt«, entsprach (Abb. 27).

Viel größer und reicher, da ja von vornherein für den größeren Bau und nach seinen Maßen geschaffen, dazu in einer Zeit, in der die Freude am bildhaften Gestalten mit den Fähigkeiten dazu gewaltig gewachsen war, erheben die Portale sich über den durch das nach Osten ein wenig sinkende Gelände notwendig gewordenen hohen und breiten Treppen. Große lebendige Bewegung muß die Menschen, die sie schufen, erfüllt haben. Man erkennt, daß der Bauplan im Lauf der Jahre sich veränderte, größer und reicher wurde, schließlich durch Vorhallen sie fast zu tiefen Höhlungen machte. Die Türme, die auch diese Portale flankieren sollten, wuchsen nur bis zum Dach empor. Die innere Größe der Figuren ist nicht immer auf der gleichen Höhe. Aber die Idee, die das Ganze beseelt, ist so groß wie die des Westportals. Und die Meister, die die Figuren des Nordportals schufen, waren die größten ihrer Zeit. Von ihnen lernten die, die dann Reims und Amiens reich machten, und weiter ging dieser künstlerische Strom über die Grenzen Frankreichs hinaus: nach Straßburg, Bamberg, Naumburg, Lucca. Noch einmal wurde die Schule von Chartres die Lehrmeisterin des Abendlandes.

Die tiefen Vorhallen bewirken, daß diese Portale viel schwerer als Einheit zu übersehen sind. Sie wirken stärker als die der Westfront wie Einzelportale. Das ist Ausdruck eines sehr tief wurzelnden und in allen Lebensgebieten dieser Zeit wirksamen Prozesses, des Prozesses der Individualisierung. Das immer tiefere Einbrechen in den steinernen Baukörper offenbart: Individualisierung ist ein Inkarnationsprozeß. Das spricht sich in den tiefen Schluchten der Vorhallen ebenso aus wie in der viel stärker als im Westen ausgeprägten Gliederung in Hauptportal und Nebenportal. Hier tritt im Außenbau das in Erscheinung, was weiter oben für den Innenraum dargestellt worden ist. Die ichhaften Kräfte treten hervor.

Das aber wird ganz deutlich, wenn man nun auf die Plastiken dieser Portale schaut. Wie streng waren die des Portail Royal noch in ein überpersönliches Leben gebunden, und wie sind diese nun von einem noch zarten, aber durchaus sichtbar werdenden Persönlich-Seelenhaften erfüllt. Das gilt für die Darstellungen im Nordportal ebenso wie für die im Süden. So treten sie aus dem strengen Gefüge sachte heraus. Sie bringen es fertig, den Kopf zu wenden, den Fuß ein wenig vorzustellen, die Arme, wenn auch noch nicht frei in den Raum zu strecken, so doch jeder anders in durchaus individueller Weise zu einer lebendigen Gebärde zu lösen. Am eindrucksvollsten aber ist die Verwandlung, die mit ihren Füßen vor sich gegangen ist. Die der Gestalten am Westportal ruhen auf schrägen Sockeln. Eigentlich stehen sie noch gar nicht oder höchstens wie solche, die eben aus fernen Höhen herabsteigend ihren Fuß auf den Boden setzen. Die Gestalten der Querschiffportale aber stehen und beginnen hier und da schon leise, wirklich über die Erde zu schreiten. Hat der Boden, auf dem sie stehen, auch entfernt noch nicht die Festigkeit und die Prägung ihrer Gestalten, bei weitem nicht den Persönlichkeitscharakter, der dreihundert Jahre später mit der vollen Geburt der Ichhaftigkeit triumphierend erscheinen wird – der Schritt, den sie auf diese Welt zu getan haben, ist doch unverkennbar und unwiderruflich.

Der gleiche Individualisierungsprozeß ist in der Gedankenwelt vor allem des Nordportals spürbar. Das bedeutet freilich nicht, daß die höhere Einheit dadurch aufgelöst wäre. Die Differenzierung läßt nur den Dreiklang kräftiger und voller ertönen, wenn man das Verbindende in der Schicht, in der es sich verbirgt, einmal aufgefunden hat. Schärfer konturierte Begriffe sind an die Stelle des bildhafteren, wesenhaften Webens des Geistigen im West-Portal getreten. Die bedeutsame Umwandlung, die zur gleichen Zeit auf dem Gebiet der Philosophie den Übergang vom »Realismus« zum »Nominalismus«, von der Vorherrschaft Platos zu der des Aristoteles bewirkt, offenbart sich auch hier. Aber in Chartres leuchtet noch immer die Sonne Platos nach. Sie eigentlich ist es, die eine zauberhaft lichtvolle Einheit durch alle Differenzierung hindurchschimmern läßt.

27. Das Nordportal. Während die Vorhalle des Nordportals am spätesten begonnen wurde, ist das Nordportal selbst wohl sehr früh in Angriff genommen worden (ca. 1200) und zwar zunächst das Mittelportal, die Seitenportale etwa 25 Jahre später.

Das Nordportal

Das – ebenso wie im Süden – kräftig als Hauptportal gegenüber den Seitenportalen betonte Mittelportal (Abb. 28) zeigt sogleich in besonders auffälliger Weise den oben beschriebenen Charakter. Seine Figurenwelt ist aus den heterogensten Elementen zusammengesetzt. Vor dem Mittelpfeiler – und daß überhaupt ein solcher erscheint, die Mitte betonend und zur Erscheinung bringend, weist wiederum in die Richtung stärkerer Ichhaftigkeit – steht die heilige Anna, die Mutter der Maria, ihr Kind auf dem Arm haltend, im Türsturz Tod und Grab-Enthebung, im Tympanon die Krönung der Maria. In den Gewänden die herrlichen Gestalten, die wohl mit am meisten dazu beigetragen haben, den Ruhm von Chartres zu verbreiten: Melchisedek, Abraham usw. bis hin zu Johannes dem Täufer und Petrus. In den Archivolten Propheten und Vorfahren Christi. In der Mitte steht also das Marien-Motiv, umgeben von im wesentlichen alttestamentlichen Gestalten, zu denen aber auch einige neutestamentliche hinzutreten.

Die Schlüsselfigur dieses Portals – und wie wir sehen werden des ganzen Nordportals – ist die heilige Anna (Abb. 29). Wie es scheint, ist es hier zum ersten Mal, daß sie in dieser Weise betont an einem Portal steht, so wie im Westen zum ersten Male die Gestalt der Maria an einem Portal ihre Darstellung gefunden hatte. Daß sie und nicht Maria hier erscheint, ist völlig unerwartet und ungewohnt. Denn sie steht doch genau gegenüber der im Südportal an der gleichen Stelle erscheinenden Gestalt des Christus, muß also als Gestalt von ähnlichem Gewicht empfunden werden. Es ist eines der großen Rätsel, die man wohl sieht, über die man sich aber allzu schnell beruhigt. Es ist eines der Rätsel, die ähnlich wie die am Portail Royal gerade den Weg zu den eigentlichen Geheimnissen der Kathedrale öffnen. St. Anna muß mit vollem Bedacht, nicht aus einer Tradition heraus – es gab keine –, so in den Mittelpunkt gestellt worden sein.

Sie ist die große Mutter, und was in diesem Portal in Erscheinung tritt, sind die *Mysterien des Weiblichen, des Mütterlichen,* insofern es sich in dem aus dem »Schoß« der Vergangenheit quellenden und sich gebärenden Leben, das wir Geschichte nennen, offenbart. Ganz umgeben von Geschichte sind die die Mittelfigur umgebenden Gestalten. Und leise schimmert hier das Geheimnis der Göttin Natura durch: groß und verehrungswürdig sind die Kräfte des Lebens, die mütterlich fort und fort gebären. Heilig sind sie in ihrem Ursprung. Denn sie tragen in sich den, der endlich durch sie Gestalt gewinnen, aus ihnen geboren werden soll: den »Sohn«, das göttliche Ich.

Von diesem Strom des sich fort und fort zeugenden und gebärenden Lebens sprechen besonders die in den *Archivolten* (Abb. 30, 31) erscheinenden Vorfahren des Jesus von Nazareth, die durch sich fortrankende Zweige zu einem Stamm-»Baum«, einer »Wurzel Jesse« verbunden sind. Aber die Meister von Chartres sehen das Geheimnis dieses großen Werdens noch umfassender.

28. Mittelportal. Am Mittelpfeiler St. Anna mit dem Kind Maria, im Türsturz Tod und Grabenthebung der Maria, im Tympanon ihre Krönung. In den Archivolten Propheten und Vorfahren Christi, ganz vorn Schöpfung und Sündenfall. Im Gewände Urgestalten der Heilsgeschichte.

Sie kennen nicht nur den Strom der Vererbung. Die beiden Archivolten, in denen diese Gestalten beiderseits bis zum Gewölbescheitel emporsteigen, sind von zwei Bogenläufen eingefaßt, in denen *Propheten* erscheinen. Das heißt also: nicht nur die Geschichte des Stammes oder der Familie, sondern die des ganzen Volkes, und nicht nur die Sphäre physischen Werdens, sondern die Impulse eines Geistigen, das sich verwirklichen will, gehören zu diesem Prozeß.[27]

Diese beiden Elemente bestimmen ganz besonders die großartigen Gestalten in den *Gewänden* (Abb. 32, 33), die alle in der gleichen ruhevollen Kraft emporwachsen – wie Bäume eines Waldes, der vom Atem Gottes durchweht ist, erfüllt von einer Würde und Geheimnisumwobenheit, wie es wohl auf der Welt keine mehr gibt.

Am Anfang steht der, der Brot und Wein in seinen Händen hält – wie jener, der einst als der heilige Gipfel und die kostbarste Frucht dieses Werdens an seinem Ende erscheinen soll. Daß diese geheimnisvollste Gestalt des Alten Testaments, der greise *Melchisedek* (Abb. 34), die Reihe eröffnet, ist tief bedeutsam. Denn erst der zweite neben ihm, aufschauend zu dem Engel, der über jenem Ehrwürdigsten schwebt, ist *Abraham*, der Stammvater der Geschlechterfolge, ganz bereit, den Sohn, dessen Hände und Füße schon gefesselt sind, aufzuopfern.

Dies Bild des Melchisedek ist nicht nur äußere Prophetie. Es meint: am Anfang steht nicht die physische Geschlechterfolge, am Anfang steht das Geistwesen, dem die Geschlechterfolge nur die Hülle zu schaffen hat, in der es sich inkarniert. Am Anfang steht das Wesen selbst, dessen innigstes Symbol eben Brot und Wein ist. Für die Meister von Chartres gilt in einem großartigen und sehr konkreten Sinn das Schillersche »Es ist der Geist, der sich den Körper baut«. Und die ganze Geschichte des Volkes, das in dem mit so unnachahmlicher Gebärde des Gerufenseins zum Engel aufschauenden »Vater« Abraham seinen Anfang nehmen wird, ist eigentlich die Geschichte Seiner Inkarnation, Seines »Körperbauens«. In der einzigartigen Geschichte, in dem Werdegang dieses Volkes wächst Er sich selbst entgegen.

So folgt als nächster ernst und streng der gewaltige *Moses* mit den Tafeln des Gesetzes, das dies Volk prägte; nach ihm der alte, von so viel Tragik umwitterte *Samuel;* und schließlich, als der Innerste in dieser Reihe, mit großer menschlicher Würde *David,* der erste König, den Speer in der einen Hand, in seiner anderen hat er vielleicht einst die Harfe getragen.[28]

Auf der anderen Seite des Portals folgen jene, die schon deutlich den Herankommenden sehen: *Jesaias* und *Jeremias.* Und dann erfüllt sich die Zeit. Der greise *Simeon* trägt das Kind auf seinem Arm. Ihm folgt die Gestalt, die mit Melchisedek und Abraham zu den ergreifendsten dieses Zyklus gehört: *Johannes der Täufer* (Abb. 35). Es gibt wohl keine Darstellung von ihm, die reiner und unmittelbarer sein Wort ausspräche: »Er muß wachsen, ich aber muß abnehmen.« Dies ist der »Freund des Bräutigams«, über dem schon das tragische Geschick schwebt.

29. St. Anna mit dem Kind Maria vom Mittelpfeiler.

30. und 31. Archivolten des Mittelportals. Im innersten Kreis Engel, dann Propheten, in den nächsten beiden die »Wurzel Jesse«, Vorfahren Jesu, schließlich nochmals Propheten.

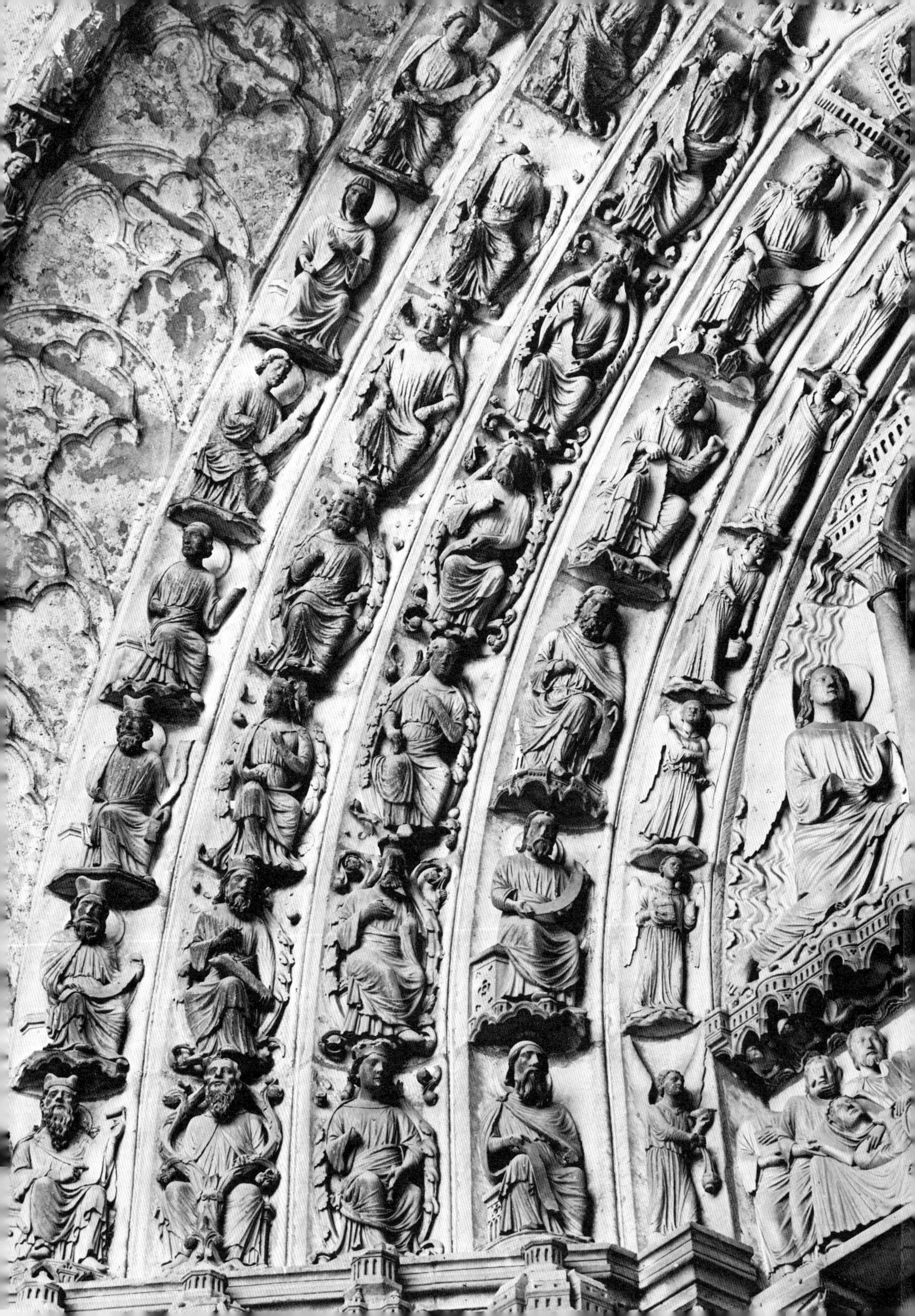

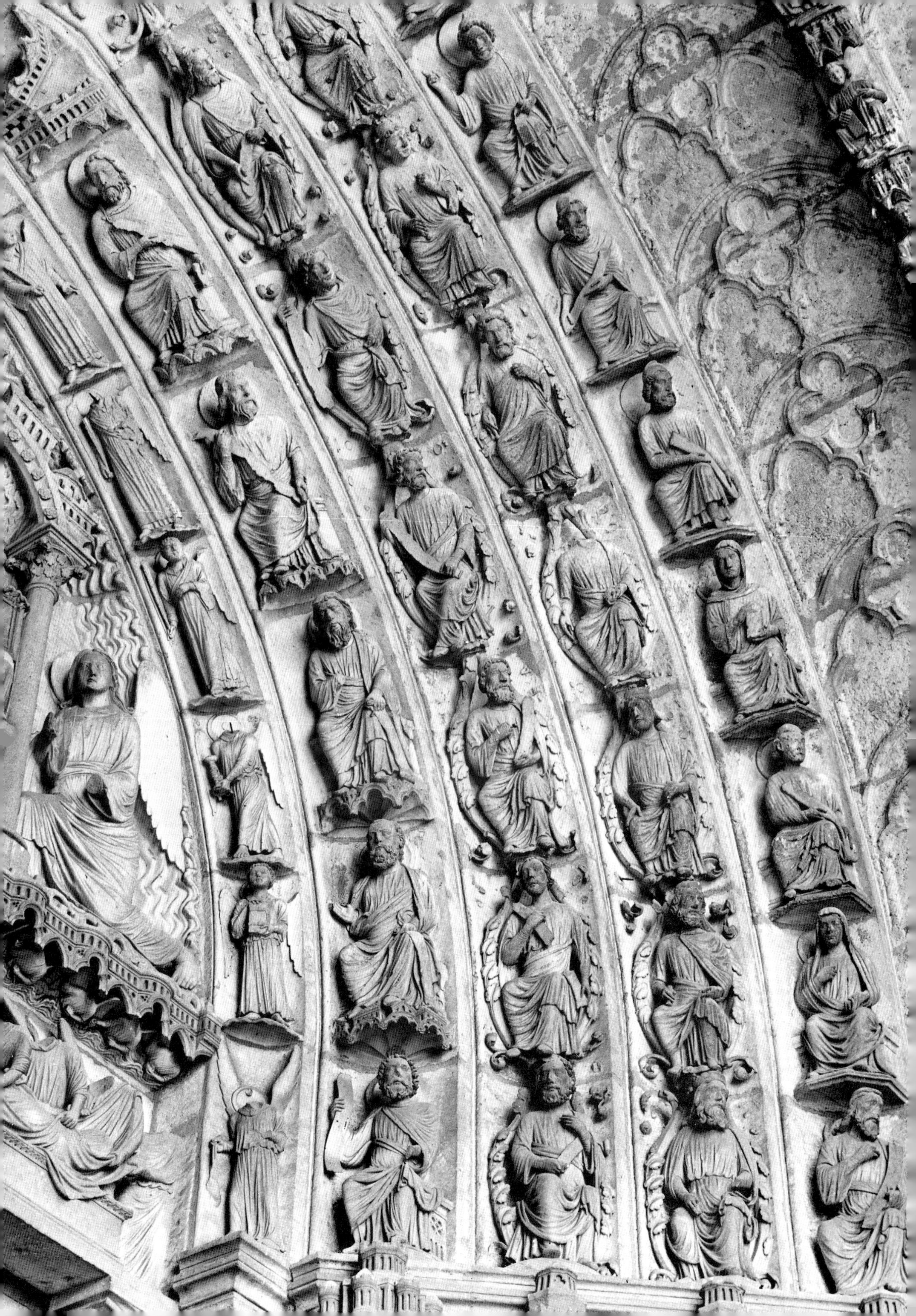

32. Figuren im linken Gewände des Mittelportals. Melchisedek mit »Brot und Wein« und Rauchfaß, Abraham mit Isaak, Moses mit den Gesetzestafeln und der »erhöhten« Schlange, Samuel mit dem Opferlamm, David der König mit der Lanze (die Saul nach ihm warf) und ursprünglich wohl der Harfe (in der Linken).

33. Figuren im rechten Gewände des Mittelportals. Jesaias (in der Hand das »Reis«, das entspringen soll), Jeremias mit dem alten Sonnenkreuz, Simeon mit dem Kind Jesus auf dem Arm. Johannes der Täufer mit der Opferschale und dem Lamm Gottes. Petrus im Gewand des alttestamentlichen Hohenpriesters.

Ist die Schüssel in seinen Händen, auf der jetzt das Kreuz und das Lamm erscheinen, nicht die gleiche, auf der bald sein abgeschlagenes Haupt vor die wilde Herodias getragen werden wird? – Als Letzter folgt ihm *Petrus.* In ihm beginnt die Geschichte hinüberzuwachsen in eine neue Phase. Aber er ist ganz in der alttestamentlichen Ordnung, mit dem Brustschild des jüdischen Hohenpriesters, dargestellt.

Dieses große Motiv der Geschichte des auserwählten Volkes als der Geschichte, in der geheimnisvoll schon der, der kommen soll, wirkt und webt, findet eine wunderbare Unterstreichung durch zwei Gestalten, die äußerlich hinter den Gewände-Figuren zurücktreten und meist kaum beachtet werden. An den Innenpfeilern der beiden Seitenportale, aber zum Mittelportal gewandt, also »hinter« seinen Gewände-Figuren, stehen: rechts *Elias* und links *Elisa* (der ja aber auch nur der Träger des Elias-Geistes war). Das heißt: »hinter« diesem ganzen Werden steht der, dessen ganzes Wesen es ist, dem, »der kommen soll«, voranzugehen, Ihm den Weg zu bereiten. Damals in Chartres wußte man offenbar noch, daß diese geniushafte Gestalt, geheimnisvoll durch die Jahrhunderte gehend, schon damals dem, »der vor ihm war«, dem Größeren, im Voranschreiten Geburtshelfer war und daß er als Täufer nur den letzten entscheidenden und das Geheimnis offenbarenden Akt vollzog. Damals im Jordan wurde nur endlich auch im Vordergründigen sichtbar, was durch so unermeßlich lange Zeiten hinter den Kulissen des historischen Geschehens wirksam gewesen war: Sein Schreiten zur Inkarnation.

Als dann dem Portal die *Vorhalle* hinzugefügt wurde, fand dieser ganze Gedanke eine großartige Erweiterung. In den Bogenläufen an der Außenkante der Vorhalle erscheint die einzigartig große und schöne Darstellung der Schöpfungsgeschichte (Abb. 36, 37), deren Tiefe und Ideenreichtum nicht auszuschöpfen ist. Und dieser Schöpfer der Welt, der dort dargestellt wird als der, aus dessen Sinnen die Welt entsteht, hinter dessen Haupt – mit dem in die Ferne gerichteten Blick – bei der Erschaffung der Tiere schon die Gestalt Adams (Abb. 38) erscheint, dieser Schöpfer, der dann bei der Erschaffung des Menschen – und nur da – mit unendlich liebevoller Gebärde sich zu dem Geschöpf niederneigt, ist: der Sohnesgott, jugendlich kraftvoll und von erhabener Schönheit.

Daß er der Schöpfergott ist, ist eine Weisheit, die im Mittelalter weit verbreitet war und oft auch bildliche Darstellung erfuhr. In Chartres aber gewinnt sie noch einen besonderen Klang. Denn indem diese Bilder an den äußersten Grenzen dieses Portals erscheinen, sagen sie doch nichts anderes als dies: nicht nur die Geschichte des auserwählten Volkes ist die Geschichte der Verkörperung des Sohnes – die Geschichte der ganzen Welt ist seine Geschichte. Gott reift in allem Weltenwerden sich selber zu.

Wie schon im Westen, so definieren auch hier im Norden die *Seitenportale* gewissermaßen die Aussage des Mittelportals näher.

Das linke Portal (Abb. 39) greift das Motiv der Geburt des Sohnes aus der Jungfrau auf. Im Türsturz erscheint links die *Geburt*, rechts die *Verkündigung an die Hirten*, im Tym-

34. Melchisedek.
35. Johannes der Täufer.

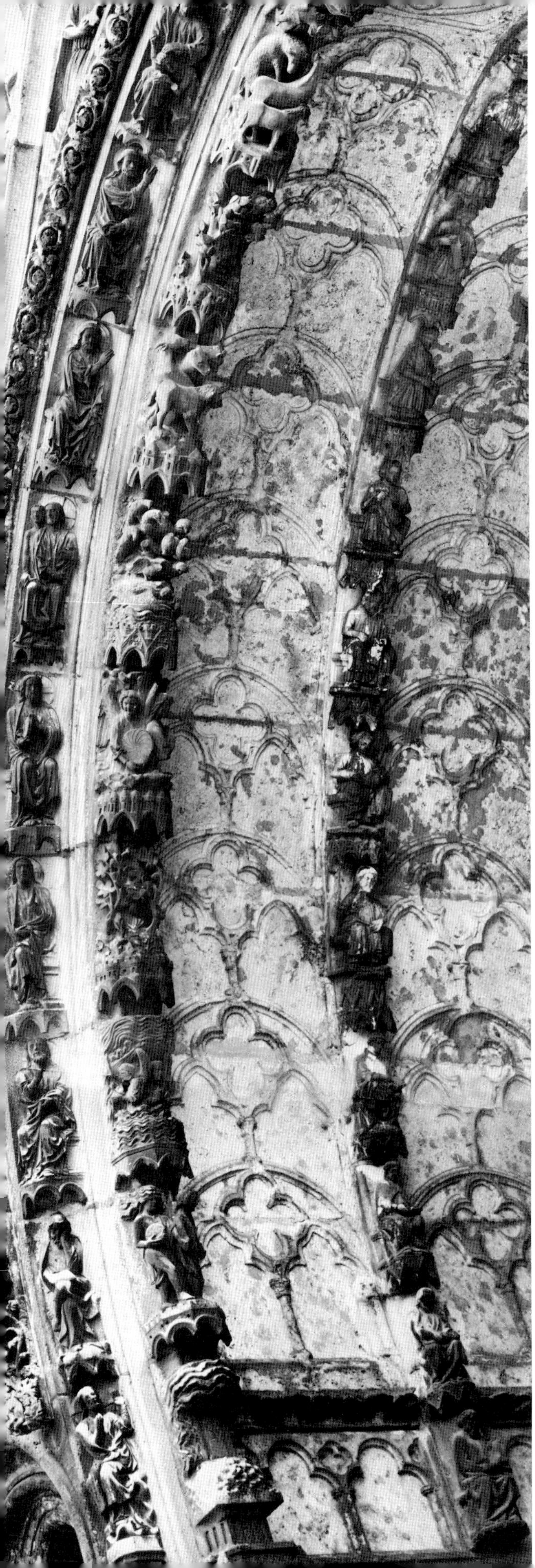
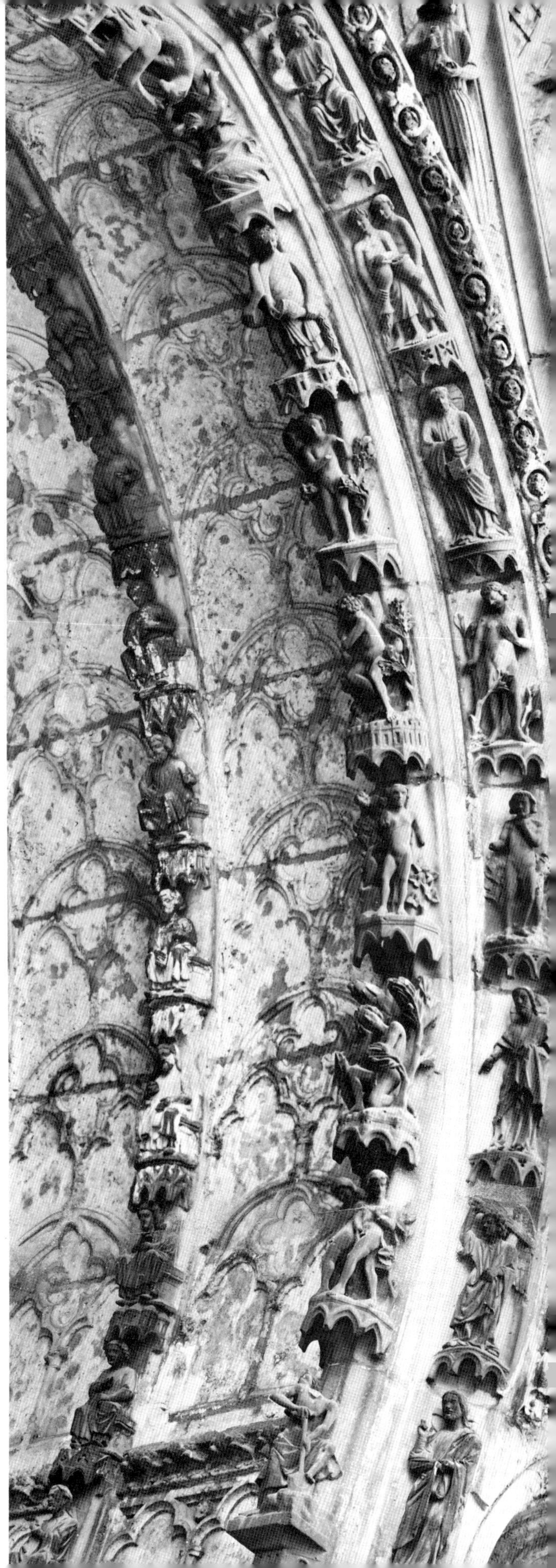

panon darüber die *Anbetung der Könige* unter dem Stern. Im Gewände: links – sehr beschädigt – die *Verkündigung an Maria* (Abb. 40), rechts die *Heimsuchung* (Abb. 41), Gruppen von unvergeßlicher Schönheit, dazu links der Prophet *Jesaias*, rechts *Daniel.*

Soweit meint man nichts zu sehen, was über die Grenzen des Herkömmlichen und Gewohnten hinausginge. Aber das wird anders, wenn man nun die Darstellungen in den *Bogenläufen* betrachtet.

Im innersten stehen *Engel.* Dann aber folgen: im zweiten die *fünf klugen und fünf törichten Jungfrauen* (Abb. 42, 43); im dritten: die *Tugenden und Laster;* im vierten: *königliche Frauengestalten,* die im einzelnen nicht zu definieren sind; schließlich in den vorderen Bogen der Vorhalle: *das tätige und betrachtende Leben Mariä* (Abb. 44, 45); und ganz außen: die *vierzehn »Seligkeiten«* der menschlichen Seele.

Damit wird – in einer Erweiterung und Metamorphose des im Portail Royal Dargestellten – ein Seelenweg, ein Weg übenden Schreitens der Seele von Stufe zu Stufe beschrieben. Die erste, durch die klugen und törichten Jungfrauen angedeutete, heißt: werde wach! sei nicht dumpfen Sinnes! (Denn das bedeutet eigentlich das griechische »moros«, das Luther mit »töricht« übersetzt.) Sorge, daß es hell wird in dir! – Die zweite heißt: Entringe dem bloß Naturhaften, das dem Bösen verfallen ist, durch Geisteskräfte das Sein des Guten! – Weiter heißt es: Königliche Kräfte laß einziehen in deine Seele! – Und schließlich erscheint das Urbildhafte: dann wird deine Seele zur Maria, tätig im Äußeren, tätig lebendig aber vor allem im Geist. Und Geisteslicht wird dich als »Seligkeit« umstrahlen.[29]

Dies Portal schildert ganz eindeutig die Geburt des Sohnes aus der Jungfrau als mystisches Ereignis. »Du mußt Maria sein!« – Ist das nicht, könnte man fragen, ein Widerspruch zu dem, was das Mittelportal verkündet? Hat dieses nicht gerade das äußere historische Werden und Geschehnis gefeiert?

Die Antwort gibt das *rechte Seitenportal* (Abb. 46), von dem man auf den ersten Blick meinen möchte, es habe fast nichts mit dem Thema zu tun.

Da findet man auf dem Türsturz: Das weise Urteil *Salomos;* darüber im Tympanon: *Hiob* (Abb. 47), in seinem Elend daliegend, von den Freunden beklagt, von der Frau innerlich verlassen, und über ihn gebeugt, schon die Hand auf ihn legend, den Widersacher. In den Wolken aber erscheint, von Engeln verehrt, der, von dem Hiob sagt: »Ich weiß, daß mein Erlöser lebt.«

Beide, Salomo in seiner Weisheit, Hiob als der leidende Gottesknecht, wurden immer empfunden als »Vor-Bilder« Christi. Man muß dies Wort in seinem Ursinn nehmen: der vollen Wirklichkeit vorangehende Bilder, Geschehnisse, in denen sich vor-bildet, was später ganz aus-gebildet seine Erfüllung finden wird.

Von ähnlichen Szenen sind auch die Bogenläufe erfüllt. Lauter Geschichten des Alten Testaments, die im Mittelalter, gelegentlich in direkter Gegenüberstellung, als solche Vor-Bilder von Taten und Schicksalen des Christus erlebt und dargestellt wurden.

36. und 37. Archivolten der nördl. Vorhalle Mitte. Von links unten aufsteigend, von rechts oben absteigend: Weltschöpfung, Paradies, Sündenfall und Austreibung.

38. Aus dem Schöpfungszyklus: die Erschaffung Adams.

Ebenso ist es mit den Gewände-Figuren. Wieder erscheint *Salomo* mit der *Königin von Saba, Bileam,* der schon über dem nach Kanaan ziehenden Volk den Stern leuchten sah, mit seinem Esel, *Jesus Sirach,* der Erbauer des Tempels, *Judith,* die Befreierin, schließlich *Joseph,* der von seinen Brüdern verraten ward, litt und erhöht wurde; Vor-Bild um Vor-Bild.

Man braucht heute dafür das Wort »Typologie« und versteht dies im Sinn von Allegorie. Aber das ist grundfalsch. Hier in Chartres jedenfalls, an dem Ort, wo der Geist Platos lebendig war, offenbart sich ein ganz anderer Sinn. Alle diese Szenen sind ja mythisch-mystischen Charakters. Man denke nur an die wunderbare *Tobias*-Geschichte, die einen ganzen Bogenlauf füllt, mit der Heilung des alten Tobias durch den »Sohn« und die Kraft des »Fisches« (Abb. 48, 49). Die Wanderung des jungen Tobias ist zugleich ein Seelenweg; Öffnung des Geistesauges, Heilung der Seelenblindheit ist ihr Ziel und ihre Frucht. Es sind Geschichten der Vergangenheit, aber solche, bei denen das äußere Geschehen »nur ein Gleichnis«, gleichsam kristallhaft durchsichtig für ein dahinterstehendes Geistiges geworden ist – wie es dann in Vollendung und Erfüllung bei den Ereignissen des Christuslebens der Fall war.

Die Menschen, die diese Darstellungen schufen, empfanden offenbar so: Die Gottheit steht nicht außerhalb der Welt. Sie hat sich nicht damit begnügt, sie zu schaffen, um sie dann sich selbst zu überlassen oder höchstens von außen zu regieren. »Gott hat sich der Welt nicht vorenthalten« (Rudolf Steiner). Und da die Geschichte des »auserwählten« Volkes die Geschichte Seines jahrtausendelangen Weges in die Menschheit, in die Erde hinein, die Geschichte Seiner Inkarnation ist, entstehen durch die Jahrhunderte hindurch immer schon, gleichsam versuchsweise, unvollkommene, aber das Vollkommene ahnen lassende Bilder und Geschehnisse, bewirkt durch den in der Geschichte drängend waltenden Willen, der schließlich dann einmal ganz und vollkommen offenbar geworden ist. Das Medium, der Stoff, in dem und durch den hindurch er wirkt, ist zunächst noch trüb. Der Schöpfung folgte ja der Sündenfall. Auch das hatte das Mittelportal in den Archivolten der Vorhalle dargestellt. Deshalb sind die Bilder der Geschichte zunächst noch unvollkommen. Aber die ganze Geschichte zu Christus hin ist zugleich ein Prozeß der Läuterung und Klärung. Das ist der Sinn des langen und leidvollen Schulungsweges dieses Volkes. Und endlich entsteht dann in Maria das reine Gefäß, die reine Materie, in der das Göttliche sich in seiner ganzen Klarheit und Hoheit verwirklichen kann. Die Geschichte dieses Volkes, ja der ganzen Welt, ist Wachstum, sinnvoll und zielstrebig gelenkt durch den immanenten Geist. Er offenbart sich in Vollkommenheit in der Geburt des Christus. Aber seine Spuren können wir verfolgen in solchen »typologischen« Bildern. In diesem Portal ist – in der Form, wie es jener Zeit entsprach – etwas von dem verwirklicht, was Schelling forderte als »Metahistorie«, die entwickelt werden müßte als etwas, was zur Historie in einem ähnlichen Verhältnis stehen müsse wie die Metaphysik zur Physik.

Und wieder fanden, als die Vorhalle hinzugefügt wurde, diese im Portal Bild gewordenen Gedanken ihre großartige Bekräftigung und Weiterführung. Denn wenn hier noch einmal

39. Linkes Seitenportal. Im Tympanon die Weihnachtsgeschichten. In den Archivolten Kluge und törichte Jungfrauen. Im Gewände Verkündigung und Heimsuchung.
40. Verkündigung (Jesaias, Gabriel, Maria) im linken Gewände.
41. Heimsuchung (Maria, Elisabeth, Daniel) im rechten Gewände.

– in den äußersten Bogenläufen – der *Tierkreis mit den Monatszeichen* auftaucht, so kann das seinen Sinn nur haben als Ausdruck eben des Werdens, des Prozeßhaften, des kosmischen Lebens, das in den großen, weiten Atemzügen des immer wieder sich erneuernden Jahreslaufes seinem Ziel entgegenwächst – Ausdruck der Sphäre, wo das Ineinanderspielen von Kosmischem und Irdischem unmittelbar anschaubar wird. Und ebenso sagt es: Menschheitsgeschichte ist gleichzeitig kosmische Geschichte.

Damit ist nun aber auch das Rätsel, das das linke Portal stellt, gelöst. Den Meistern von Chartres waren mystische, geistig-seelische und historische Wirklichkeit kein Gegensatz. In ihnen lebte ein Bewußtsein, dem die Historie durchdrungen und durchwoben war von »Mystischem«. Und in den Ereignissen des Christuslebens wird in einmaliger Weise das Mystische historisches Ereignis. Einmal in der Geschichte war irdisches Geschehen reinster und genauester Ausdruck des Geistigen, leuchtete das Irdische auf, ohne Rest durchdrungen von göttlichem Licht. Über diesem Portal stehen gleichsam die Worte, die Rudolf Steiner einem seiner ersten, grundlegend wichtigen Bücher als Titel gab: »Christentum als mystische Tatsache«. Mystisch – und doch zugleich Tatsache.

Diese Idee gewinnt aber hier in Chartres und in dem lebendigen Geist-Organismus dieses Portals noch eine besondere Nuance, deren Charakter schon empfunden werden kann, wenn man nicht nur äußerlich sieht, sondern miterlebt, wie dies alles durch die Tierkreisdarstellung ins Überpersönlich-Kosmische gehoben wird. Wir sagten: dieses Portal stelle dar die Mysterien des Weiblichen, der Großen Mutter. Chartres kennt und anerkennt die uralten vorchristlichen Mysterien. Aber es führt sie weiter. Das ist das überwältigend Große. Es kennt und verehrt »Natura« als die große Göttin, die keine andere ist als die, die als Demeter in Griechenland, als Isis in Ägypten, als »magna mater« unter den verschiedensten Namen im ganzen Orient verehrt wurde. Aber durch das Wirken ihrer eigenen Kräfte verwandelt sie sich. In der Geschichte, in dem fort und fort wirkenden Werden der Menschheit wird ein Neues geboren. Aus dem Gebundensein in die magischen Mutterkulturen der Vorzeit wird die Menschheit »entbunden« zum Persönlichen hin, zum Persönlich-Seelenhaften. Sie entfällt der Gottheit. Aber wo diese neuen Kräfte geläutert werden, erblüht das Wunder der reinen Seele. – Und nun schaue man auf das Mittelportal: die große, altgewordene »Mutter« hält die junge, jungfräuliche Maria auf dem Arm. *Natura* verwandelt sich in *Maria*. Das ist die Geburt des reinen Seelenhaften aus dem nur Naturhaften in der Geschichte der Menschheit. Dann aber ist noch eine dritte Stufe zu ersteigen. Wie ein mächtiger Kreuzbalken schiebt sich über den Mittelpfeiler, vor dem diese Gestalt steht, der Türsturz hinüber, auf dem der *Tod* und die *Grabenthebung* der Maria durch Engel (als Vorspiel ihrer »Himmelfahrt«) dargestellt sind. Darüber aber im Tympanon entfaltet sich die Glorie ihrer *Krönung* in den Himmelswelten (Abb. 50). Auch die Maria, die reine Seele, muß sich noch einmal verwandeln. Sie muß das Mysterium des »Stirb und werde wiedergeboren« durchmachen, um – zur Jungfrau *Sophia* zu werden, die durch den Sohn die Sternen-

42. und 43. Aus den Archivolten des linken Seitenportals: »Kluge« und »Törichte« Jungfrauen, Tugenden und Laster. Königliche Seelenkräfte.
44. Aus den Archivolten der Vorhalle links: Das contemplative Leben Marias. Außen himmlische Seligkeiten.
45. Detail aus 44.
46. Rechtes Seitenportal mit »Typologischen« Szenen. Vgl. S. 93.

krone empfängt, das heißt Trägerin des Geistes wird, der das Weltall göttlich durchdringt. Das, so verkünden diese Figuren-Gruppen durch ihren »Stellenwert« als Mittelfiguren im Mittelportal, umgeben von all den Gestalten der Historie, ist das »Innerste« des weltgeschichtlichen Werdens. Das ist die Seelengeschichte innerhalb der Geschichte der Menschheit, Seelengeschichte unter kosmischem Aspekt.

Das sind die Mysterien des Weiblichen, wie Chartres sie versteht und ergreift.

Das Große Kreuz

Schreitet man nun vom Nordportal hinüber zum Südportal, so betritt man eine andere Welt. Steht das Nordportal ganz unter dem Mysterien-Aspekt des Weiblich-Mütterlichen, der Geburt, des Weltenanfangs, so das im Süden unter dem des Männlichen, des Gerichts, der Weltenzukunft – nicht aber, wie man vielleicht logisch schließen möchte, unter dem des Todes. Chartres hat eine ganz besondere Beziehung zu dem Mysterium des Todes.

In dieser Kathedrale findet man keinen Grabstein. Von dieser »Besonderheit« sprachen wir schon im 1. Kapitel.

Aber noch mehr.

In der Bilderfolge, die, wie weiter oben schon dargestellt, vom Mittelportal ausgehend erst nach links und dann nach rechts die Kapitäle des Westportals durchzieht, tritt in der Aufeinanderfolge der Szenen eine rätselhafte Erscheinung auf. Da werden wohl der Verrat des Judas, das Abendmahl und die Gefangennahme, weiterhin die Grablegung und eine Reihe von Ostergeschichten in der »richtigen« Reihenfolge erzählt; die Kreuzigung aber fehlt (Abb. 51). Dort, wo sie stehen müßte, also zwischen Gefangennahme und Grablegung, erscheint stattdessen: der Einzug in Jerusalem, ein Bild also, das der historischen Reihenfolge nach viel früher stehen müßte. Selbstverständlich ist man auf den Gedanken gekommen, daß hier bei dem Umbau des Portals im 12. Jhdt. ein Irrtum unterlaufen sei; hat dann aber bei sehr gründlichen Untersuchungen feststellen müssen, daß dies Kapitäl eben für den Platz, an dem es steht, gearbeitet worden ist. Das heißt also: der »Einzug in Jerusalem« steht hier für die Kreuzigung. Man »meinte« mit dem Einzug in Jerusalem die Kreuzigung, damit dies Mysterium zugleich ver- und enthüllend.

Man dürfte dergleichen nun freilich nicht sagen, wenn dies Motiv nicht an anderer Stelle noch einmal und womöglich noch eindeutiger sich ausspräche.

Im Mitteltympanon des Südportals, von dem gleich ausführlicher zu sprechen sein wird, ist der Auferstandene und Wiederkommende dargestellt, umgeben von Engeln, die die Zeichen und Symbole seiner Passion tragen: links der Speer, der seine Seite durchbohrte, rechts die Säule, an die er zur Geißelung gebunden wurde, und die Geißel selbst, darüber links

47. Tympanon von 46. Oben der leidende Hiob, unten der weise Salomo.

48. und 49. Archivolten vom rechten Seitenportal mit »vor-bildhaften« Szenen.

50. Vom Mittelportal. Anna mit dem Kind Maria, Tod und »Aufhebung« Marias, Krönung durch den Sohn. Vgl. S. 98.

die Dornenkrone und rechts die Nägel, mit denen seine Hände und Füße durchbohrt wurden, inmitten aber, genau über dem Thronenden etwas, was man als einen zunächst rätselhaften Balken oder ähnliches ansieht – bis man entdeckt: es ist der Stamm des Kreuzes, dessen Querbalken nur vollkommen durch das darübergelegte Leintuch verborgen, also wörtlich »verhüllt« ist.

Chartres verhüllt das Bild der Kreuzigung. In den Glasfenstern erscheint es wohl, aber sehr klein, mit bloßem Auge kaum erkennbar und als durch nichts hervorgehobenes Glied einer langen Bilderreihe. Daß das mit dem Charakter des alten druidischen Heiligtums, mit dem »Gesetz, wonach es angetreten«, zusammenhängt, bedarf keiner Erörterung. Aber was hier in Chartres lebt, ist ja nicht eine bloße Fortsetzung der alten vorchristlichen Mysterienwelt. Es verhüllt das Kreuz, aber es verleugnet es nicht.

Wohl gab es keine Darstellung der Kreuzigung. Aber es gab ein großes Kreuz: das Kreuz, das die Kathedrale selbst bildet. Hier wird die Bedeutsamkeit des Querschiffes und seiner Einfügung deutlich. Die Fulbertus-Kathedrale, erinnern wir uns, hatte es noch nicht. Dies große Kreuz wurde offenbar ganz bewußt als Grundfigur eingezeichnet und wird hier wirklich als *das* Kreuz verstanden, das Kreuz von Golgatha.

51. Aus den Kapitell-Folgen im Westportal: Abendmahl, Gethsemane, Einzug in Jerusalem, Grablegung.

52. Das Südportal.

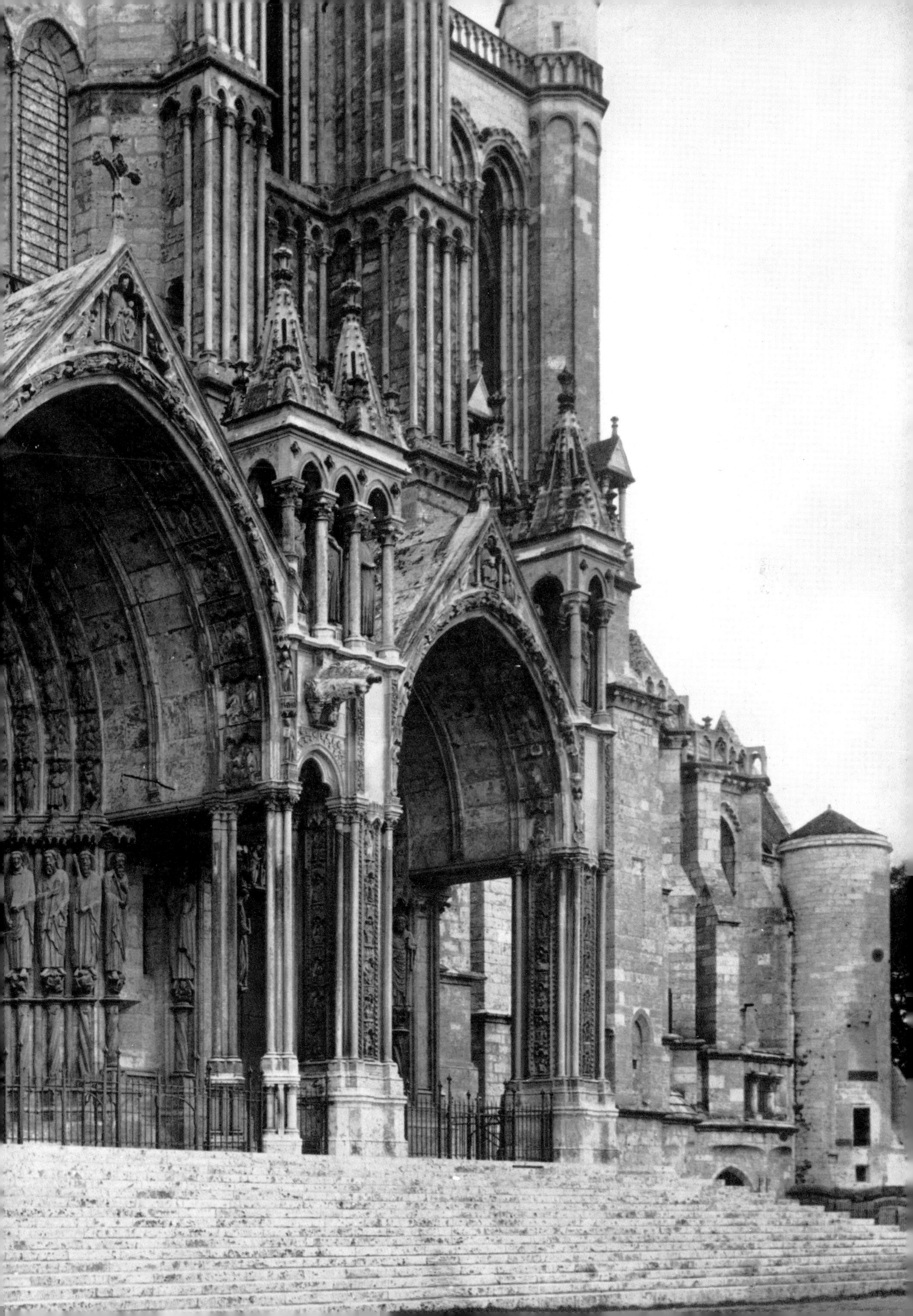

Das Nordportal hatte den Weg der Menschheit als den Weg der Inkarnation, den Weg des Christus von den Uranfängen durch die Jahrtausende hindurch bis zur Geburt des göttlichen Kindes aufgeschrieben. Wo geht es weiter? Muß man seine Fortsetzung nicht am Südportal erwarten? Geht man nun durch das Nord- zum Südportal hinüber, so geht man diesen Weg. Er führt durch das Kreuz, entschwindet in das Kreuz. Aber was dann, »jenseits«, erscheint ist das, was Charles Morgan einmal den »Triumph der Kreuzigung« genannt hat. Denn das ganze Südportal ist nichts anderes als ein einziges wunderbares Triumphlied.

Deshalb ist Chartres so zurückhaltend mit der Darstellung der Kreuzigung. Weil es das Kreuz so groß sieht und als das Vorspiel der Auferstehung.

Das Südportal

Hatte das Nordportal dargestellt, wie aus dem mütterlichen Weltenschoße – die Gestalt des Vaters bleibt bedeutsamerweise in Chartres ebenso verhüllt wie das Mysterium des Todes – in Christus der Sohn geboren wird, so schildert nun das Südportal (Abb. 52), was der Christus aus der Welt macht. Deshalb wird es überall von seinem Bild beherrscht. Nicht nur, daß er in der Säule vor dem *Mittelpunkt* (Abb. 53) erscheint – entsprechend der mütterlichen Figur drüben –, in jedem Tympanon der drei Tore ist *Er* die beherrschende Gestalt (Abb. 54).

Dieser *Christus* des Mittelpfeilers (Abb. 55) ist nicht der majestätisch im Weltall Thronende des Westportals. Es ist der milde, von erhabener Güte umstrahlte Menschenbruder, der da inmitten der rechts und links in den Gewänden stehenden Apostel erscheint. Aber die Milde und Güte dieses Wesens sind nicht Schwäche, sondern Größe und höchste Kraft. Er steht auf einem Löwen und einem Drachen, die Er unter seine Füße getreten hat. Und wenn darunter eine Szene dargestellt wird, die das Motiv der Armut und der Speisung der Armen zum Ausdruck bringt, so wird damit leise auf das Geheimnis dieser Größe hingewiesen. Er, der da steht, hat den unendlichen Reichtum der Geisteswelten verlassen und ist in die Armut des Erdenseins hinabgestiegen. Er ist der Arme geworden, indem er sich zu ihr bekannte und noch die äußerste, die letzte Armut im Tode annahm. Deshalb speist, wer sich zu den Armen niederneigt, Ihn (Matth. 25,35). Und zugleich ist in großartiger Paradoxie Er es, aus dessen Wesen heraus den Armen das Brot gereicht wird.

Wie derjenige, der das vollbracht hat, seitdem in der Menschheit wirksam ist, wird jetzt mit dem gleichen spirituellen Realismus, der das Nordportal auszeichnet, geschildert. Unter den Gewändefiguren des Mittelportals – den *zwölf Aposteln* (Abb. 56, 57) – steht auf der linken, der Herz-Seite des Christus ihm am nächsten: *Paulus.*[30] Äußerlich gesehen gehört er ja gar nicht zu den Zwölfen. Aber er war eben der, der wie keiner sonst Seine Wirklichkeit, Sein lebendiges Dasein jenseits von Tod und Himmelfahrt erfahren hat. Er war

53. Mittelportal. Am Mittelpfeiler Christus, im Gewände die Apostel, im Tympanon das Jüngste Gericht, in den Archivolten die auferstehenden Menschen und die Hierarchien der Engel.

54. und 55. Christus vom Mittelportal.

56. Linkes Gewände des Mittelportals. Die Apostel (von innen, also von rechts) Petrus, Andreas, Philippus, Thomas, Matthäus (weiter außen Simon von Kana). Die Sockelfiguren wie bei 57 Hinweise auf ihr Martyrium.

57. Rechtes Gewände des Mittelportals (von innen). Die Apostel Paulus, Johannes, Jacobus Maior, Jacobus minor, Bartholomäus. Judas Thaddäus weiter außen).

der, der aussprach: »Nun lebe ich, aber nicht ich, sondern der Christus lebt in mir.« Ihm folgen dann erst die anderen, sogar der »Lieblingsjünger« *Johannes* in priesterlicher Kleidung ist erst der zweite. Damit wird aber deutlich ausgesprochen, worauf es ankommt. In den Gewänden des linken und des rechten Seitenportals schließen sich an einerseits die Märtyrer, andererseits die Heiligen und Bekenner als die, deren Triumph eigentlich Sein Triumph ist, als die, in denen Sein Leben machtvoll weitergeht. Und so muß man auch das gewaltige Bild verstehen, das im Tympanon des Mittelportals erscheint: *das Jüngste Gericht* (Abb. 58).

Man darf wohl annehmen, daß die Meister von Chartres das nicht als etwas erlebten, was nur irgendwann einmal, am Ende der Zeiten, sein wird, sondern als etwas, was sich leise immerfort schon vollzieht. Einmal wird es dann auch endgültige und völlige Wirklichkeit werden, so wie auch die Geburt des Kindes nur die letzte Vollendung von etwas war, was sich leise schon jahrhundertelang vor-gebildet hatte. Immerwährend vollzieht sich Scheidung, Entscheidung, Krisis, Gericht. Aber es steht nicht als Drohung da. Es ist die Krisis einer anderen Geburt zu erhöhtem Leben. Auch dies ist eine Strophe des Triumphliedes.

Der Christus, der da zwischen den anbetenden Gestalten Maria und Johannes thront, indessen die Engel hinter diesen beiden und über der ganzen Gruppe die Zeichen und Werkzeuge der Passion tragen, dieser Christus hat nichts im menschlichen Sinne Richtendes. Er hebt nur seine Hände, an denen die Nägelmale sichtbar werden, und schaut mit einer ganz leichten Neigung des Hauptes, in der nichts als unendliche, schmerzliche Liebe sich ausdrückt, ins Weite. Nicht *Er* richtet – an Ihm richtet sich die Menschheit. Nur sein Dasein stellt die eine entscheidende Frage: Hast du die Erde geliebt wie ich – oder nur dich?

Unter ihm und den Wolken, auf denen sein Thron steht und aus denen Scharen von Engeln hervorkommen, steht Michael, die Waage in der Hand, mit der die Seelen gewogen werden, und hinter ihm erscheint der unendliche Zug der den Gräbern Entstiegenen, indessen immer neue Scharen in den Archivolten aufstehen, gerufen von den Posaunen der Engel, die in den äußersten Bogenläufen stehen.

Einst wird die Menschheit wahrnehmen, was schon jetzt Wirklichkeit in und hinter der Sinneswelt ist und was schon jetzt diejenigen, die aus dem Grab des Nur-Irdischen sich erheben, erfahren. Sie wird wahrnehmen den Gott, der sich in unendlicher Liebe ans Kreuz der Erde hat heften lassen, um sie ins Licht zurückzuführen. Wer *Ihn*, wer Seine Liebe in sich aufgenommen hat, wird weiterschreiten, ein Genosse der hohen Engelwesen. Wer sich Ihm und diesem Seinem Heileswillen verschlossen hat, wird den Mächten verfallen bleiben, denen er sich zuwandte und die nun ebenfalls sich offenbaren – in ihrer Fratzenhaftigkeit, in ihrer Verzerrung des Menschenantlitzes, in ihrer Tierhaftigkeit (Abb. 59, 60). Sie werden weggerissen, wie sie immer Knechte und Getriebene waren – indessen jene frei dahinschreiten, wie sie im Leben zur Freiheit ihres eigenen höheren, ihres Geistwesens sich emporgerungen haben. Denn das ist gemeint und wunderbar anschaulich gemacht, wenn die dem Untergang Verfallenen in ihren Kleidern, ihren »Hüllen« stecken, die Seligen aber

hüllenlos einherschreiten. Sie haben ihr Hüllenhaftes überwunden, sind frei geworden, indem sie zu ihrem Wesenhaften, zu dem Geistes-Ich erwacht sind, in dem die liebende Schöpfermacht des Christus wohnt. Wohin schreiten sie? Wohin führt der Weg der Menschheit, die wahrhaft fortschreitet?

Über ihnen erscheinen in den *Archivolten* (Abb. 61, 62) die Wesen der Geistwelt, hierarchisch geordnet und durch Gesten oder Attribute charakterisiert: am nächsten dem Mittelpunkt Seraphim und Cherubim, danach die Throne – und so fort über Kyriotetes, Dynameis, Exusiai zu den Archai, den Erzengeln und Engeln, in deren Bereich nun die Menschen aufgenommen werden. Heißt diese Anordnung nicht: auch der Mensch ist einbezogen in diese Ordnung, auch er ist Hierarchie? Bestimmt, als Angehöriger einer geistigen Ordnung sich zu offenbaren? So sagte Bernardus Silvestris[31]:

»Gott will, der Mensch soll erstehen, sein Leib aus den Tiefen gebildet,
von den Göttern der Geist ihm verliehen wird...
Legt er den Körper dann ab, kehrt heim zu verwandten Gestirnen,
wird er als Gott begrüßt von den Himmlischen.«

58. Mittelportal Tympanon. Christus im Jüngsten Gericht die Hände mit den Wundmalen erhebend, links und rechts Maria und Johannes, Engel mit den Leidenswerkzeugen Lanze, Säule und Geißel, darüber andere mit dem Kreuz, über dessen Querbalken das Grablinnen hängt, dem Schwamm mit Essig und den Nägeln.

Das ist die großartige Anschauung der Schule von Chartres vom Menschen: ein Gott zu werden, ist er bestimmt. Dafür ist Christus gestorben. Das ist Seine Auferstehung.

Das wollten die Meister von Chartres verkünden: den »Triumph der Kreuzigung«, der dem Menschen das Göttliche wiedergibt. »Wird er als Gott begrüßt...«

In den beiden *Seitenportalen* stellt sich nun dar, wie die Kraft des Geistes die Macht der Hyle überwindet, wie der Geist über den Tod triumphiert, denn es erscheinen die, von denen man sagen kann: sie waren schon im Leben Auferstandene.

Diese Gestalten vor allem sind es, von denen jener Sonnen-Glanz des Friedens ausstrahlt, der den Charakter dieses Triumphliedes bestimmt. Die Apostel im Gewände des Mittelportals sind nur Gefolge des Einen in ihrer Mitte. Deshalb sind sie wohl durch ihre Attribute wie Träger bestimmter Funktionen, aber nicht eigentlich individuell charakterisiert. Die Heiligen und Märtyrer in den Seitenportalen aber sind lauter Einzelne. Auch das hat es so wie hier in Chartres noch nie vorher gegeben; dieser Reichtum an Individualisierung ist beispiellos. Welch ein Reichtum an Menschlichkeit! Aber eines ist ihnen allen gemeinsam:

59. und 60. Aus den Archivolten des Mittesportals. Links Selige in Abrahams Schoß geleitet von Engeln, rechts Verdammte von Teufeln gepackt. Darüber die aus den Gräbern auferstehende Menschheit.

dieses wahrhafte Aufgerichtetsein, in dem sie dastehen, aufgerichtet aus sich selbst, auferstanden aus sich selbst.

Im *linken Portal* (Abb. 63, 64, 65, 66) erscheinen in den Gewänden wie auch im Tympanon und in den Archivolten: die *Märtyrer*. Sie sind es, denen Leid, Verfolgung, schmerzensreicher Tod nur Stufen waren, auf denen immer machtvoller und strahlender das Göttliche als Freiheit und Souveränität sich offenbarte. So mächtig überragt das entbundene Geistige alles irdische Leiden, wie im Tympanon der oben sichtbar werdende Auferstandene die vielen kleinen Gestalten um ein Mehrfaches übertrifft, die unten die Steinigung des Stephanus vollziehen. Sie sind die, die das besiegelt haben, was Goethe[32] als den Ausdruck der höchsten Religion, die sich eben im Christentum offenbare, aussprach: »... Es ist ein Letztes, wozu die Menschheit gelangen konnte und mußte. Aber was gehört dazu, die Erde nicht allein unter sich liegen zu lassen und sich auf einen höheren Geburtsort zu berufen, sondern auch Niedrigkeit und Armut, Spott und Verachtung, Schmach und Elend, Leiden und Tod als göttlich anzuerkennen, ja Sünde selbst und Verbrechen nicht als Hindernisse, sondern als Fördernisse des Heiligen zu verehren und liebzugewinnen!«

61. und 62. Die Archivolten des Mittelportals mit den über den zur Seligkeit oder zur Qual auferstehenden Menschen sich emporgliedernden neun Hierarchien der Engel.
63. Linkes Seitenportal mit den Märtyrern.

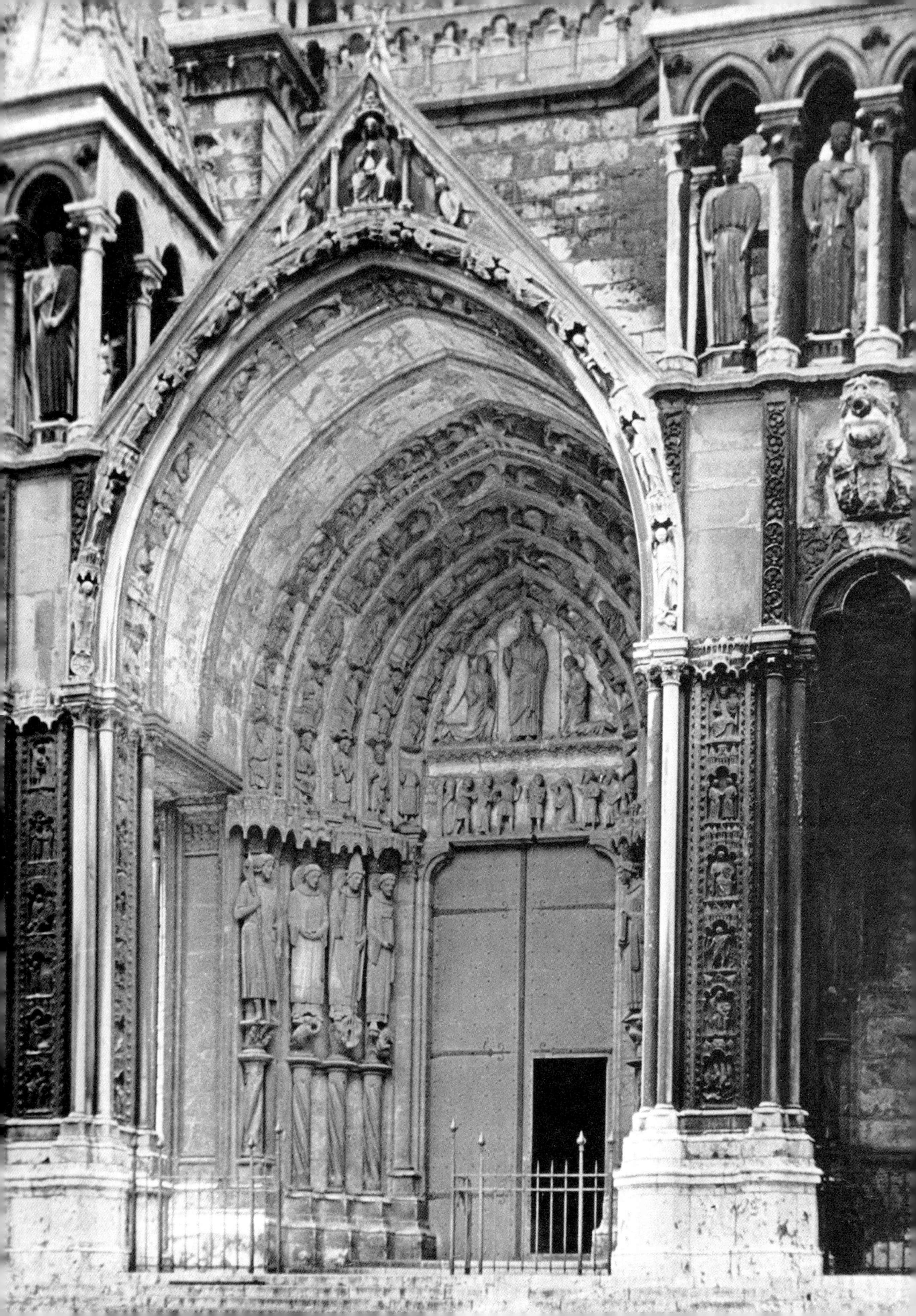

64. Kopf des Hlg. Theodor.
65. Linkes Gewände des linken Seitenportals. Heilige Märtyrer Theodor, Stephanus, Clemens papa, Laurentius. Die Sockelfiguren mit Hinweisen auf ihr Martyrium.

66. Rechtes Gewände des linken Seitenportals. Die Heiligen Märtyrer Vincentius, Dionysius, Piatus, Georg. Der Hlg. Georg ebenso wie sein Gegenüber, der andere heilige Ritter, Theodor vielleicht erst mit der Errichtung der Vorhalle, also 15–20 Jahre später als seine Nachbarn entstanden.

So leuchtet hier wieder das apokalyptische Element des Christentums auf.

In der zweitinnersten Reihe der Archivolten dieses Portals ist oben im Scheitel ein Lamm dargestellt, von dem nach rechts und links zwei Ströme ausgehen, die sich über die Gewänder der darunter Sitzenden hinab ergießen. Es sind die, »die durch große Trübsal geschritten, die ihre Gewänder gewaschen und weiß gemacht haben im Blute des Lammes« (Apok. 7, 14). Es sind die – wenn wir dies Bild in die Sprache des modernen Bewußtseins zu übersetzen versuchen –, die das Leid »angenommen« haben wie ER. In ihrem Blut empören sich nun nicht mehr die Leidenschaftskräfte Luzifers. Es ist verwandelt ins Lichte, Leidenschaftslose, Reine durch die innerste Lebenskraft des Christus, die sie in sich aufgenommen haben. Sie durchlichtet ihr ganzes Wesen, auch ihre Hüllen.

Im Tympanon des *rechten Seitenportals* (Abb. 67, 68), in dessen Gewänden und Archivolten *die Heiligen* stehen, ist das Motiv wieder aufgenommen, das im Sockel des Mittelpfeilers aufleuchtete. Es ist zweigeteilt. In der rechten Hälfte wird erzählt, wie *Nikolaus* nächtlicherweise den drei Töchtern des Armen einen Beutel mit Gold durchs Fenster wirft, um sie vor Schmach zu bewahren. Darüber sieht man, wie dem Leib des dahingeschiedenen Barmherzigen heilendes Öl entströmt. In der linken Hälfte die Martinslegende. Sankt *Martin,* der mit dem Bettler seinen Mantel teilt, erfährt im Traum, daß es Christus war, der ihm begegnet ist. Christus ist der Arme geworden. Im liebenden Sich-Niederneigen zur Armut findet man ihn. Aber – und hier taucht ein Gralsmotiv auf – er möchte auch gefunden werden.

Ein Heiliger sein, nach Heiligkeit streben, ist nicht gemeint im Sinne eines wenn auch noch so verfeinerten Egoismus. Es meint eigentlich etwas wie die wunderbare Schlußzeile in Richard Wagners »Parsifal«: »Erlösung dem Erlöser!« Die göttlichgeistige Welt sehnt sich danach, wirken, sich verwirklichen zu können. Der wahrhaft Heilige ist der, der sich ihr in Liebe hingibt, daß sie in ihm und durch ihn ihre Wandlungskraft darleben kann. Und daß in diesem Sinn ein Heiliger sein nichts zu tun hat mit kränklicher Blässe, mit blutarmen Gefühlen, mit selbstgenießerischer Ichlosigkeit, verkünden in einzigartiger Weise die großen Gestalten in den Gewänden dieses Portals. Was für Menschen! Vielleicht stehen nirgends sonst solch erstaunliche Individualitäten wie dieser Martin oder Gregor, Hieronymus und Nikolaus, Avitus und Laumer, Ambrosius und Sylvester (Abb. 69, 70, 71, 72, 73). Aber welche innere Souveränität. Welch unerschütterliche Sicherheit. Und welch unaussprechlicher Friede. Daß der Mensch segnen, daß er ein Segen sein kann – vor ihnen glaubt man es wieder. Triumph des Geistes!

Auch vor dieses Portal wurde eine Vorhalle gesetzt, ähnlich wie die schon besprochene Vorhalle des Nordportals. Ob sie von Anfang an geplant war, oder ob die Idee dazu erst entstand, als das Portal seiner Vollendung entgegenging, ist nicht mit Sicherheit zu entscheiden. Die aus der Bauzeit erhaltene Nachricht, daß den Krämern, die ihre Buden vor dem

67. Rechtes Seitenportal. Das Portal der großen Bekenner. Im Tympanon Szenen aus der Vita des Hlg. Martin und des Hlg. Nikolaus. In den Archivolten heilige Könige, Mönche, Bischöfe, Päpste — nur wenige im einzelnen zu identifizieren. Im Gewände die großen Heiligen s. Bild 69/70.

Portal aufgeschlagen hatten, gekündigt wurde, weil man die Vorhalle bauen wollte, ist kein Beweis dafür, daß damals erst der Plan entstanden sei.

Die beiden Vorhallen nun bringen aufs großartigste die Polarität der in den beiden Portalen lebendig werdenden Welten bis ins Architektonische hinein zum Ausdruck. Denn ihre auffallende Verschiedenartigkeit kann nicht aus Zufälligkeiten – verschiedene Bauzeiten, verschiedene Meister – erklärt werden. Beide waren zur gleichen Zeit im Bau, die gleichen Meister arbeiteten hüben wie drüben. Die dem sonst überall waltenden Symmetriegesetz widersprechende Gestaltung war offenbar bewußt gewollt und sinnvoll. Denn während die nördliche, das Tor der Geburt und der bis in Urzeiten gedachten Vergangenheit überwölbende Halle als Hauptträger gebündelte Säulen hat, vor denen große Gestalten stehen, ruht die südliche auf mächtigen viereckigen Pfeilern, deren plastisch-figürlicher Schmuck sehr eigenartig in ihr Inneres hinein gestaltet ist. Gleichsam unter ihrer Oberfläche wohnen unzählige kleine Figuren, als warteten sie noch darauf, hervortreten und sich zu ihrer wahren Größe entfalten zu können.

Während drüben, wo dargestellt ist, wie aus dem Weltenwerden der Mensch entsteht, sphärische Formen vorherrschen, ruht hier die Gestaltung auf dem Kristallhaften. Und damit wird schon im Architektonischen das Thema angeschlagen, das alle die die Pfeiler und auch die hohen Wölbungen bevölkernden Gestalten abwandeln, in dessen Glanz aber plötzlich auch die Figuren des eigentlichen Portals, von denen wir bisher sprachen, eine erhöhte Bedeutung gewinnen. Es ist das apokalyptische Thema des – als kristallener Würfel geschilderten (Apok. 21,15) – »Neuen Jerusalem«.

In den Archivolten dieser Vorhalle thronen *Könige* und *Königinnen. Apostel* erscheinen und *Engel,* die in der Mannigfaltigkeit ihrer Gestaltung und ihrer Attribute die Vielschichtigkeit und die hierarchische Ordnung der Geisteswelt zum Ausdruck bringen, schließlich auch Figuren, die die seelischen und die leiblichen *Vollkommenheiten des Menschen,* also den bis ins Leibliche gewandelten Menschen darstellen. Die Pfeiler aber zeigen in den so eigenartig in sie hineingehöhlten Figuren: *die 24 Ältesten, Heilige, Märtyrer* und schließlich *Tugenden* (Abb. 74, 75), kontrastiert mit Lastern. Sie eigentlich sind die Pfeiler, heißt das, auf denen das Gebäude der Neuen Welt ruht. Aus ihnen wächst sie empor. Das moralisch-geistige Sein und Tätigsein des Menschen ist die Voraussetzung dafür, daß das Neue Jerusalem entsteht.

Dies Portal verkündet etwas tief Bedeutsames. Der Märtyrer, der Heilige – sie sind die, in denen die Wesenheit des Christus wirksam geworden ist. Aber sie sind nicht das Ziel. Sie sind nur Mittel zu dem eigentlichen Ziel, seine Diener und Träger. Das Ziel ist etwas, was über den Menschen hinausgeht – die Wandlung der Erde.

Über jedem der drei Giebel dieser – aber auch nur dieser! – Vorhalle ragt ein Kreuz. Und hier entfaltet und bestätigt sich nun auf einer neuen Stufe der vorhin ausgesprochene Gedanke vom »Triumph der Kreuzigung«. Diese drei Kreuze haben eine Form, die leise an die alten irischen Sonnenkreuze erinnert. Um die Kreuzesmitte legt sich ein Kranz, und in ihm

68. Tympanon des rechten Seitenportals. Links unten: der Hlg. Martin teilt seinen Mantel. Darüber: dem Schlafenden wird Christus als der Bettler sichtbar. Rechts unten: St. Nikolaus wirft die Geldbörse durchs Fenster, um die Jungfrauen zu bewahren. Darüber: Aus seinem Sarg tropft heilendes Öl. Darüber Christus und Engel.

69. Rechtes Seitenportal, linkes Gewände. Die Heiligen (von außen) Laudomarus, Sylvester, Ambrosius, Nicolaus. Hier gilt das Gleiche wie für das linke Seitenportal, daß im Gewände ursprünglich nur je drei Heilige standen, die beiden äußersten beim Bau der Vorhalle hinzutraten.

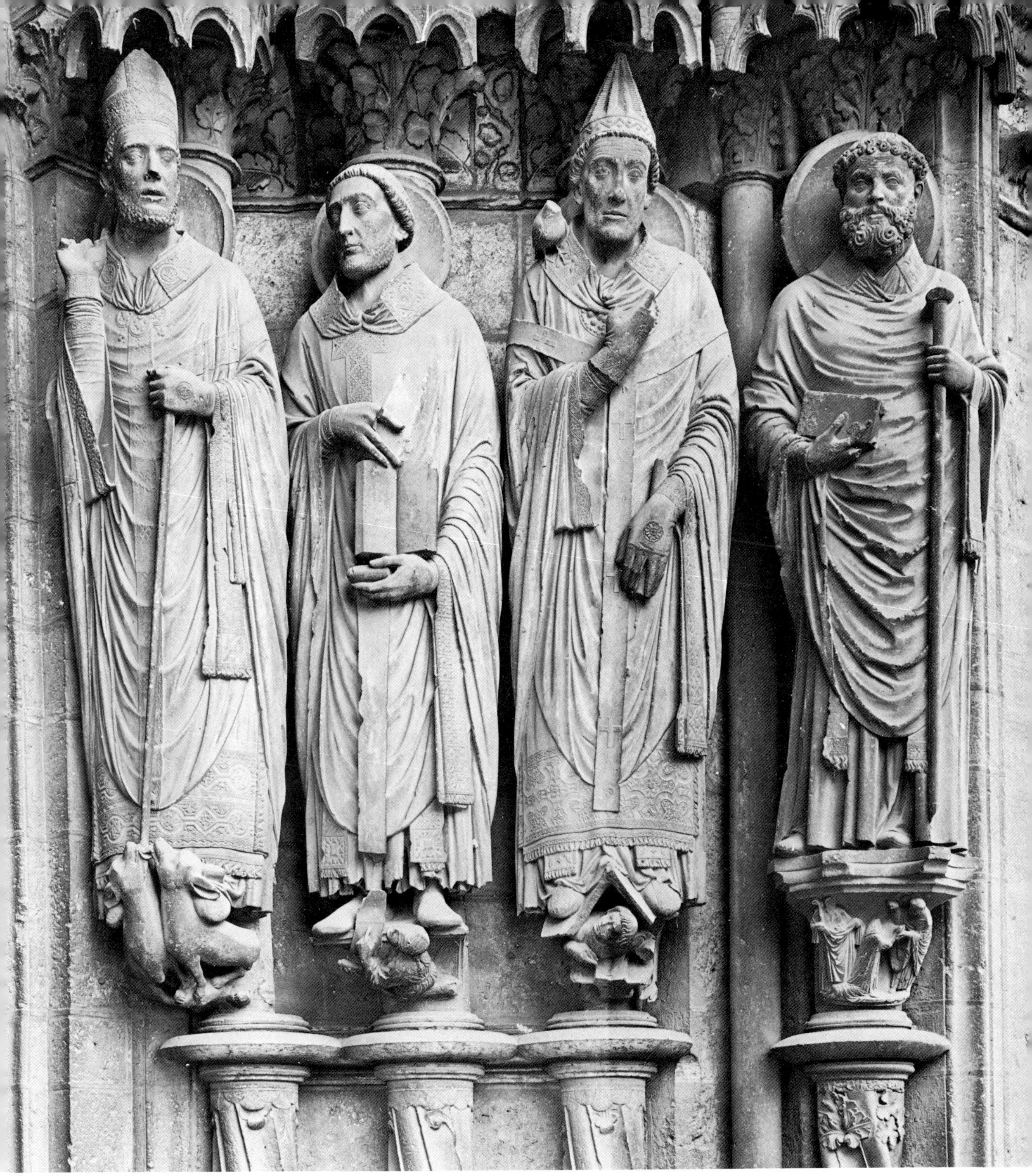

70. Rechtes Seitenportal, rechtes Gewände. Die Heiligen (von innen) Martin, Hieronymus, Gregor, Avitus. Auf der Schulter Gregors die Taube, die ihm den Text der Messe einsagte, unter Martin die zwei Hunde, denen er verbot, einen Hasen zu jagen, unter Hieronymus die überwundene Synagoge.

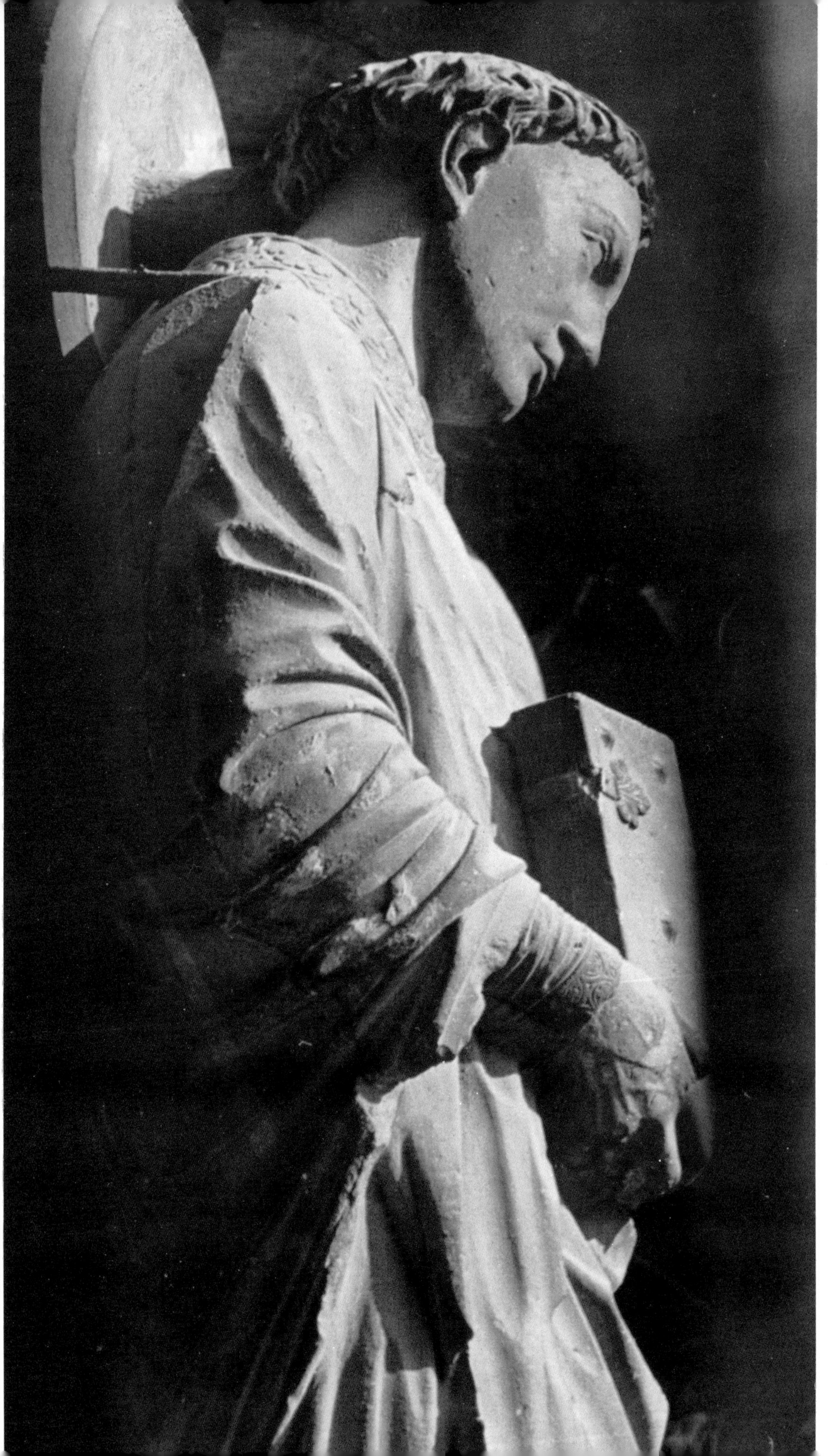

erscheint – anstelle der eigentlichen Kreuzung der beiden Balken – im mittleren Kreuz das Lamm mit der Siegesfahne, in den beiden seitlichen: thronende Frauengestalten, Erhöhungen der menschlichen Seele. Damit aber, daß diese Kreuze die Giebel dieser Vorhalle krönen, sprechen sie gleichsam noch einmal, triumphierend, ihr tiefstes Geheimnis aus: auf Golgatha geht eine Welt zu Ende – aber zugleich beginnt eine neue Welt aufzugehen. »Und in die Erde sich geleget zum Grundstein einer Gottesstadt« (Novalis). Auf Golgatha wurde der Grundstein einer neuen Welt gelegt. Das Siegeszeichen des Kreuzes bezieht sich nicht nur auf ein Wesen, auch nicht nur auf die Menschheit, sondern auf die ganze Erde.

Hier sind wir an den Punkt gekommen, wo wir wieder umkehren und auf das Ganze der Kathedrale und nicht nur von außen, sondern auch von innen schauen müssen.

Fig. 5. Giebelkreuz vom Südportal.

71. 72. 73. Details von den Gewände-Figuren des rechten Seitenportals: St. Martin, St. Georg, St. Laudomarus.

74. 75. »Versenkte« Reliefs von den Pfeilern der südlichen Vorhalle. Vgl. S. 68.

V. DIE UNVOLLENDETE KATHEDRALE

Die Kunstgeschichte hat in den letzten Jahren die Entdeckung gemacht[33], daß der christliche Kirchenbau überhaupt, und zwar von den ersten Anfängen an, »Abbild« des Neuen Jerusalem sein wollte. Ein besonders deutlicher Ausdruck dieser Tatsache ist das lauter kleine Häuser, Tore und Türme bildende Mauerwerk, das in den Gewänden baldachinartig über jeder einzelnen Figur erscheint. Die heilige, himmlische Stadt. Damit ist man auf eine Spur gestoßen, die tatsächlich eine der wichtigsten Entdeckungen darstellen könnte. Sie bleibt nur ohne wirkliche Bedeutung, weil man auch hier wieder im Historisierenden und Allegorisierenden stecken bleibt, weil man eine solche Idee nicht wirklich ernst nimmt und, statt nach ihrer geistigen Realität zu fragen, sich mit dem traditionellen abstrakten Dogmatismus begnügt. Die Kathedrale war nicht allegorisches »Abbild«, sie war ein Stück des Neuen Jerusalem.

Denn was der Apokalyptiker mit diesem Bilde meint und was auch die alten Meister – jedenfalls die von Chartres – empfanden, ist nicht ein Mirakelhaftes, das irgendwann einmal plötzlich in Erscheinung treten wird, gewissermaßen fix und fertig. Das Neue Jerusalem ist im Werden. Und seine Baumeister sind die Menschen. Es sind die Menschen, die, um ein uns schon vertrautes Bild zu brauchen, »das neue Lied singen«. Aus seinen Tönen baut es sich auf. Es sind die Menschen – und doch eigentlich nicht sie, sondern der Christus in ihnen. Denn es ist ein Mysterium, das sich hier offenbart – das Mysterium der Wandlung, das die ganze Kathedrale durchzieht und dem wir schon bei der ersten Betrachtung ihres Inneren begegnet sind als dem in aller wahrhaft schöpferischen Tätigkeit des Menschen wirkenden Urphänomen. Die hingebende Aktivität des Menschen ist die unumgängliche Voraussetzung. Das Letzte ist Geschenk und Gnade. Die aufstehende Kraft der Säulen und Pfeiler vermählt sich mit den himmlischen Wölbungen, die von oben sind. Der aber, der zwischen Oben und Unten, der das lebendige Weben der Wandlung selbst ist, das glühende Herz, das Oben und Unten in sich vermählt, ist der »Sohn des Menschen«.

Wandlung der Erde. Rainer Maria Rilke hat viel von diesem Geheimnis als menschliche Erfahrung, nicht als theologisches Dogma gewußt. Die Siebente und die Neunte der Duineser Elegien sind voll davon. Er wußte, daß das der wahre Sinn alles Menschseins ist (»Warum ... Menschliches müssen?« IX. Elegie): sich in der Liebe, die sich mit ihrem Gegenstand identifiziert, Ich dazu sagt, zur Erde niederzuneigen und sie in sich ins Licht zu heben. Er wußte aber auch (VII. Elegie), daß alles wahrhaft menschliche Tun, in dem diese Liebe lebendig ist, Unvergängliches in die unsichtbaren Räume hineingebaut hat und weiter baut. Das ist auch das Geheimnis der Kathedrale, das man nirgends besser erlauscht als unter den hohen Wölbungen und in dem zauberhaften Licht von Chartres. Will man ganz exakt sein, so muß man sagen: natürlich ist sie es nicht, das Neue Jerusalem, und sie bildet es nicht ab – aber sie war es. Das Bauen an der Kathedrale war – ganz real – ein Bauen am Neuen Jerusalem.

Man macht sich heute gar nicht genügend klar, daß es um die großen Kirchen des Mittelalters niemals ganz still geworden ist. Jahrzehnt um Jahrzehnt wurde gebaut, klang das Hämmern der Steinmetzen, das Knarren der Wagen, das Quietschen der Winden – auch wenn drinnen schon längst Hymnen ertönten und Priester an den Altären zelebrierten. Nie hörte das Sinnen der Baumeister und Bildhauer auf, nie die Sorge um die Bereitstellung der notwendigen Mittel. Das Bauen selber wurde – und in Chartres, sagen die alten Quellen, hat das seinen Anfang genommen – eine kultische Handlung. Es genügte deshalb nicht, daß man Geld gab, um Arbeiter zu bezahlen; auch die Reichen und Vornehmen spannten sich selbst vor die Wagen, griffen in die Seile und in die Speichen der Winden, die schweren Lasten hügelan zu ziehen. Mit seinem ganzen Sein mußte man sich in diesen Prozeß hineinbegeben.

Die »fertige« Kathedrale ist eigentlich etwas Unvollständiges, etwas Erstorbenes. In dem Augenblick, wo der letzte Hammerschlag getan ist, beginnt schon leise ihr Verfall. Man muß sie sehen und fühlen, wie sie wurde. Die Hingabekraft der Menschen, ihre Arbeit und Mühe – das ist die eigentliche Realität, die in den schweren Mauern verzaubert ist. Die lichterfüllte, mit ihren Blitzen das Dunkel der ringenden Seelen erleuchtende Schöpferkraft des Geistes, die die dunkle Schwere des Irdischen ergreift, auflockert, formt – bis es endlich, durchscheinend geworden, aufglüht in den Farben der Edelsteine, in unwirklichem, überirdischen Leuchten – sie ist die eigentliche Realität, die sich in der erhabenen Herrlichkeit der Formen und in dem tiefen stillen Glühen der Fenster verbirgt.

Damit offenbart sich noch einmal eine Schicht tiefer das Geheimnis des Kreuzes, über dem – aus dem – die Kathedrale emporwächst. Es ist die Sichtbarmachung dieses Zeichens, das einstmals der Erde eingeschrieben wurde. Chartres hat deshalb keine Darstellung des Crucifixus – weil es selbst ein Crucifix ist. Nur zeigt es nicht den gemarterten Leib des Gekreuzigten, sondern die Herrlichkeit seiner verwandlungskräftigen Liebe, die die erbarmungswürdige Hülle schon durchbrochen, mit ihrer feurigen Allgewalt verzehrt und in Licht verwandelt hat. Es verhüllt die Erscheinung, aber es offenbart Wesen und Dynamik dieses Mysteriums in seiner kosmischen Größe. Und es offenbart seine Bedeutung in einem Sinne, der weit über das bloße Sühne- und Schuldbezahlungsmotiv hinausgeht.

Das Bauen an der Kathedrale war eine kultische Handlung. Aber auch die Kathedrale selbst war ein kultisches Ereignis. Sie wurde nicht für Menschen, sondern für Gott gebaut. Die oft ausgesprochene Theorie, die vielen Gestalten und Bilder seien zur Belehrung der des Lesens unkundigen Gläubigen als eine »Biblia pauperum« geschaffen, ist etwas der Kathedrale ganz Wesensfremdes. Was für einen Sinn hätten dann wohl all die unzähligen Ge-

DA VID
SANCTA ANNA

stalten, die in solcher Höhe und an solchen Stellen aus dem Leib der Kathedrale heraustraten, daß sie für gewöhnlich unerkennbar, wenn nicht sogar unsichtbar bleiben? Die Kathedrale ist auch nicht »ad maiorem Dei gloriam« geschaffen. Sie ist die Glorie Gottes selbst, die in der durch den Menschen hindurch gewandelten Erde erstrahlt.

Hier ist nun der Ort, wo wir noch auf die *Glasfenster* eingehen müssen. Sie erwecken die Bewunderung und Ergriffenheit des modernen Menschen zunächst allein durch die unbeschreibliche Pracht ihrer Farben. Aber diese glühenden Farben machen ja Bilder sichtbar. Und wenn auch die Fenster in der Hochwand des Mittelschiffes ebenso wie die in den Seitenschiffen, in der Ost- und Westwand des Querschiffes und im Chorumgang in ihrer Anordnung und Reihenfolge keinem besonderen Gesetz zu folgen scheinen, so ist das doch anders bei denen, die über den Portalen und im Osten im Hohen Chor aufleuchtend gleichsam die Eckpunkte des Kreuzes bilden. Durch sie wird offenbar, wie die ganze Kathedrale als ein organisches Gebilde erlebt werden will, wo Innen und Außen in genauester Entsprechung zueinander stehen, nur verschiedenes »Sich-äußern« oder »Innewerden« des Wesenhaften sind, das das Ganze durchdringt (Abb. 76).

Folgt man der Hauptachse der Kathedrale, dem Längsbalken des Kreuzes von West nach Ost, so war man hindurchgeschritten durch das Portail Royal. Über ihm war das himmlische Urbild des Menschen in seiner spirituellen Dynamik erschienen, offenbarend, daß, wer es durchschreiten will, den Mysterienweg betritt. »O Mensch erkenne dich! O Mensch erzeuge dich!« Betritt man nun das Innere und schreitet weiter nach Osten, so leuchtet dort in dem Fenster über dem Altar das Bild der Jungfrau mit dem Kind: die Menschenseele, in der der göttliche Sohn geboren ist. Wendet man sich dann um, wieder ins äußere Leben, in die Welt zurückkehrend, so leuchten in der Westwand die Fenster auf, in denen das Erdenleben Christi sich darstellt. Heißt das nicht: in Dir will nun ein höheres Leben, will Christus in die Welt gehen? Und wenn in der herrlichen Rose darüber Bilder des Jüngsten Gerichtes erscheinen, in der Mitte aber Christus mit den Wunden, aus denen das Blut strömt, umgeben von den vier Tieren, so will sie in dem Hinausgehenden den Willen zu Scheidung und Entscheidung wecken, den apokalyptischen Sinn.[34]

Wer sich aber auf diesen Mysterienweg zur Erringung und Entzauberung des eigenen höheren Wesens begeben hat, der ist in der Vierung auf jenen anderen Strom gestoßen, der von Nord nach Süd ziehend diesen Weg »kreuzt«, der das Kreuz bildet. Und was von außen die Portale schon verkündet haben, bestätigen nun von innen die Fenster: dies ist der Weg der Menschheit. Im Norden leuchten auf: in der Rose die Jungfrau mit dem Kind, umgeben von den Tauben des Geistes, von Königen aus Juda und den zwölf »kleinen« Propheten. Unter ihr im Mittelfenster St. Anna mit dem Kind Maria, rechts und links davon Gestalten des Alten Testamentes, der Vorgeschichte also, des langen geschichtlichen Weges. Im Süden aber erscheint die apokalyptische Zukunftsvision: Inmitten der Rose Christus in der Glorie, umgeben von den apokalyptischen Tieren, von Engeln und den 24 Ältesten. In den

76. Fenster in der Nordwand des Querschiffs. Im mittleren Spitzbogenfenster St. Anna, in der Mitte der Rose Maria m. d. Kind, in den Medaillons der Rose und den übrigen Spitzbogenfenstern alttestamentliche Könige, Priester und Propheten – also das gleiche Thema wie in den Skulpturen des Portals.

Fenstern darunter: inmitten wieder die Jungfrau mit dem Kind, rechts und links die vier Evangelisten auf den Schultern der vier »großen« Propheten.

Unerschöpfliche Geheimnisse sind hier verborgen. Der Mensch kann im rechten Sinne den Weg seiner individuellen Entwicklung – das ist der Weg der West-Ost-Richtung zum Altar hin und von ihm her – nicht gehen, ohne sich um die Menschheit zu bekümmern, deren Weg sich in der Nord-Süd-Richtung des Querschiffs abbildet. Unauflöslich sind die beiden Werdeströme ineinander gefügt. Geht er ihn aber in der rechten Weise, so hat das seine Bedeutung für die ganze Menschheit, ja für die ganze Erde. In dieser Figur spricht die Kathedrale als Gesamtorganismus noch einmal und nun mit ihrem vollen geistigen Gewicht das aus, was schon das Königsportal verkündet hatte: »Er hat uns zu Priestern und Königen gemacht!« Das ist die Würde und die Verantwortung, die dem Menschen gegeben sind.

Dieses königliche Menschentum, das Chartres verkünden will, ist es auch, das – wir müssen nun noch einmal von außen das Ganze überblicken – die vielen Königsgestalten in den Galerien über dem West- und dem Südportal ansprechen wollten (Abb. 77, 78, 79,

77. Von der Königsgalerie der südlichen Vorhalle. Zwischen mittlerem und rechtem Portal.

80).[35] Hier handelt es sich nicht wie in Paris und Reims und so vielen anderen Kathedralen um die nationalen französischen Könige. Die Gestalten, die da oben in einer wahrhaft hohen Würde stehen, sind Menschheitskönige. Das spricht ganz deutlich der erste in der Königsreihe über dem Südportal aus, der durch die Harfe in seiner Hand als König David gekennzeichnet ist. Sie rufen den König im Menschen, aufzustehen.

Die Arbeiten an der Kathedrale wurden ganz plötzlich abgebrochen. Das muß bald nach 1250 gewesen sein.[36] Schon 1220 war sie fertig eingewölbt, in einem einzigen beispiellosen Elan emporgewachsen. Erst im Jahre 1260 aber wurde sie geweiht. Vielleicht war dies äußerlich glänzende Fest von einer tiefen Resignation der Wissenden durchzogen. Denn der lange Zwischenraum zwischen der Einwölbung und der Weihe ist ganz ungewöhnlich.

Über den Grund dieses Aufhörens mitten in der Arbeit[37] verraten die Quellen, die wir besitzen, nichts. Unvollendet blieben vor allem die Türme. Denn Chartres war – soviel wir wissen, als die einzige Kathedrale – mit neun Türmen geplant. Man sieht, was gewollt war, am besten, wenn man ein Stück nach Süden hinabsteigt und vom Ufer der kleinen, langsam

78. Von der Königsgalerie der südlichen Vorhalle. Ende der Reihe nach Osten.

fließenden Eure zurück und hinauf schaut. Da überblickt man die ganze Größe des in Wahrheit ja hochgelegenen Bauwerks und sieht die drei bis zum Dach der Kirche schon hinaufgewachsenen unteren Stockwerke dieser Turmstümpfe rechts und links des Querschiffes und am Ansatz der Apsis. Das gleiche ist im Norden der Fall. Der neunte Turm sollte sich über der Vierung erheben. Darauf deutet die Stärke, die man den Vierungspfeilern gab. Sie sind als seine Träger gemeint, auf denen er aus dem ganzen Bau emporwachsen sollte. Die Ordnung der Hierarchien sollte aufleuchten über dem Menschheits-Bau; wie gewaltige Engel sollten sie ihn als heilige Wächter umgeben und durchschreiten.

Es gibt freilich, wie neuerliche Untersuchungen ergeben haben, auch Hinweise darauf, daß diese Türme nie höher geplant waren als sie jetzt sind. Vielleicht also wurde damit dem Bau noch ein sehr reales Bild eingefügt: das, was die Kathedrale eigentlich meint, wird in der Zeitlichkeit nie vollendet, bleibt immer nur ein Ansatz. Daran weiterzubauen, ist die Aufgabe, die sich jeder Zeit neu stellt. Und man kann das besonders an diesem Ort empfinden, der mit Recht den Namen trägt »Saints Lieux Forts« – Starker Heiliger Ort.

Am Anfang steht – soweit wir rückwärts blicken können – der heilige Quell. Er war vielleicht die wichtigste Stätte in diesem geweihten Bezirk, dem Zentralheiligtum Galliens, in dem das Herz dieses Landes schlug. Nur mit ehrfürchtigem Beben nahten sich ihm die Menschen, die fühlten, was hier webte. Die Wasser dieser Brunnen wurden empfunden wie gespeist von den Urgewässern des Paradieses. In sie eintauchen hieß, in die geistdurchdrungenen lichten Welten der Urbeginne, in die jungfräulichen Welten zurückzukehren, rein und heil.

Die Gesänge der Druiden verstummten. Die heiligen Haine verschwanden. Aber der Quell von Chartres blieb. Und die Prophezeiung erfüllte sich: die Jungfrau gebar den Sohn.

Über dem Kreuz wuchs der Wunderbau der Kathedrale auf. Und wieder wagten sich die Menschen diesem Ort nur in tiefster Ehrfurcht zu nahen. Denn sie erlebten in ihm die gleiche heilkräftige Realität des Geistes. Aber wie die des uralten Quells in eine verdämmernde Vergangenheit gewiesen hatte, so deutete diese in eine wachsende, größere, von den Melodien des »Neuen Liedes« durchklungene Zukunft.

Was ist es, das Jahr für Jahr die Scharen von Menschen nach Chartres zieht? Ist es nicht vielleicht etwas, was sich zwar im Glanz der Schönheit offenbart, seinem Wesen nach aber noch tiefer und größer ist? Etwas, das zu den unbewußten Tiefen der Menschen spricht: Hier offenbart sich in der Geschichte und in der Gestalt der Kathedrale wie in einem Brennpunkt das tiefste Geheimnis, das Mysterium der Geschichte des Menschen. Hier lebte es sich dar und nahm Leib an. Denn das ist das Geheimnis des Werdens des einzelnen Menschen wie der ganzen Menschheit: Herkommend aus dem tiefen reinen Eingetauchtsein in die strömenden Quellen der Schöpfermächte, aus der paradiesischen Unschuld eines träumenden Bewußtseins, wachen sie eines Tages auf zum Bewußtsein des Todes. Aber sie können erfahren, wie in sie das Wesen einzieht, das sie aus Geschöpfen zu Schöpfern macht,

79. und 80. Könige aus der Königsgalerie der südlichen Vorhalle. Zwischen linkem und mittlerem Portal.

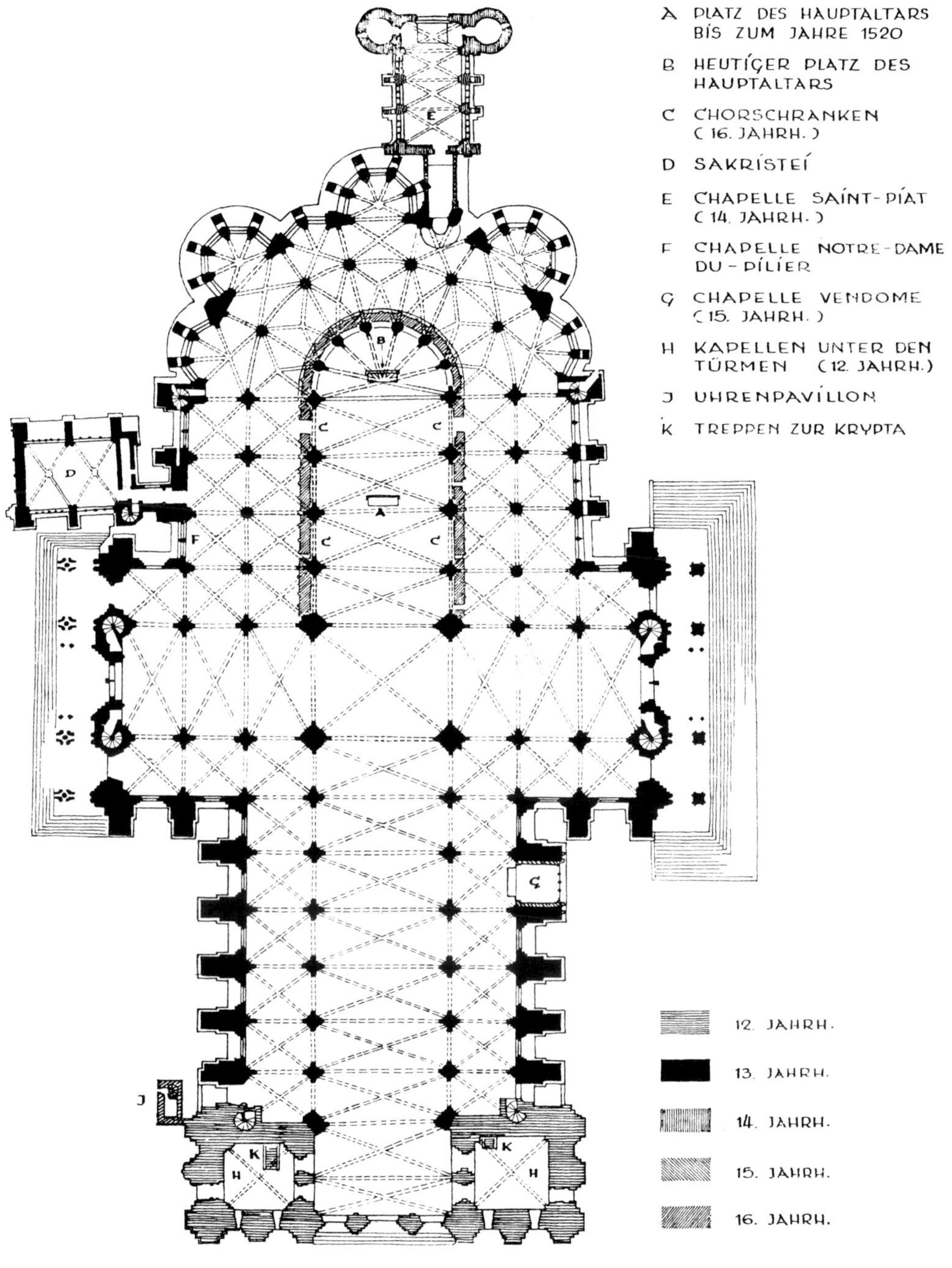

Fig. 6. Grundriß der Kathedrale von Chartres (nach R. Merlet).

die gerade im demütig liebenden Bekenntnis zum Tode mitbauen dürfen an einer neuen Welt, größer, als die himmlische Vergangenheit je war. Das offenbart Chartres. Und deshalb darf man es mit Recht, wie es der Untertitel der ersten Fassung dieser Arbeit tat, nennen: Tempel der Menschheit.

Tempel der Menschheit! Denn der Gott, dem er gebaut war, ist nicht der Gott eines engen dogmatischen Bekenntnisses. Der Christus, der hier verehrt wurde, ist der, der in die Mysterien des Menschseins eintrat und sie offenbarte, der Hohepriester der Menschheit.

Dies war der Urgedanke, aus dem heraus die ganze Gotik sich entfaltet hat. Als die Kathedrale von Chartres geweiht wurde, hatte das, was in ihr zuerst und am reinsten Gestalt gewann, schon begonnen weiterzuwirken. Schon war der Chor von Reims vollendet, Amiens wuchs empor, in Paris war die Sainte Chapelle entstanden, die Notre Dame im neuen Stil weitergebaut, in Chartres selbst war St. Pierre im Bau, der Kölner Dom begann zu erstehen und so fort. Dort und in all den ungezählten Bauten der nächsten Jahrhunderte lebte dieser Urgedanke weiter, immer wieder sich wandelnd, aber immer erkennbar. Wenn er auch selten in seiner wahren Größe begriffen wurde, so wirkte er doch durch mehr als zwei Jahrhunderte und weckte in den Menschen wenn nicht Gedanken, so doch Empfindungen, in denen ihr Bestes und Höchstes lebte.

Noch in dem gleichen Jahrhundert begann die Bautätigkeit an der Kathedrale erneut. Und auch in den folgenden Jahrhunderten waren immer wieder Maurer und Steinmetzen an ihr tätig. Aber was auch immer da entstand – es waren Zusätze, die mit dem Wesen dieser Kathedrale gar nichts zu tun hatten, völlig fremd dem geheimnisvollen Leben, das in dem großen Werk sich inkarniert hatte. Der große lebendige Strom einer großen schöpferischen Geisterkenntnis, durch so viele Jahrhunderte mächtig gewesen, war offenbar zu Ende. Manches bedeutete eine mehr oder minder gleichgültige Hinzufügung, manches freilich auch schmerzliche Zerstörung. Aber als hätten wirklich große Engel über dieser Kathedrale gewacht, blieb doch das Wesentliche des Wunders erhalten.

Ende des 13. Jahrhunderts wurde östlich des Nordportals die *Sakristei* an den Chorumgang angebaut.

Zwischen 1323 und 1350 etwa entstand hinter dem Chor und mit ihm durch eine Treppe verbunden die *Chapelle St. Piat* mit dem unter ihr – im Erdgeschoß – befindlichen *Kapitelsaal.*

Im gleichen Jahrhundert – wir wissen kein genaues Datum – wurden an der Kathedrale selbst auf Anordnung der königlichen Baubehörden – wie moderne statische Berechnungen zeigten, überflüssigerweise – die *Strebepfeiler* erhöht und die obersten *Strebebogen* eingefügt. Erst wenn man sich diese wegdenkt, hat man also den echten Eindruck eines viel freieren Emporstrebens und einer großzügigen Einheitlichkeit.

1417 wurde die *Chapelle Vendôme* unmittelbar vor dem südlichen Querschiffarm zwischen die Strebepfeiler gesetzt und in das Seitenschiff hinein geöffnet.

1507–1513 hat dann, nachdem im Jahre 1506 die bisherige stumpfe Bedachung des Nordturmes einem glücklicherweise keinen größeren Schaden verursachenden Brand zum Opfer gefallen war, der berühmte Meister Jean de Beauce die jetzige prachtvolle, der Kathedrale freilich völlig fremde *Turmspitze* geschaffen.

Auf diesen Künstler geht dann auch der Beginn einer Arbeit zurück, die noch bis ins 18. Jahrhundert sich fortsetzen sollte: die den Hohen Chor vom Chorumgang abschließenden, mit von Vielen sehr bewunderten Reliefs versehenen *Chorschranken.* Jean de Beauce begann damit 1514. Gegen 1720 wurde die Arbeit beendet.

Ebenfalls von Jean de Beauce wurde 1520 auf der Nordseite der kleine *Uhrenpavillon* erbaut. In dem gleichen Jahr wurde im Inneren der Kathedrale eine Veränderung vorgenommen, die heute wohl belanglos erscheint, aber in religiös-kultischem Sinne doch vielleicht etwas sehr Tiefgehendes bedeutete. Bis dahin hatte der *Hauptaltar* inmitten des Chores gestanden. Die Priester hatten um ihn herum gesessen. In diesem Jahre – 1520 – wurde er an das Ostende des Hohen Chores versetzt, zweifellos Ausdruck und Folge eines bedeutungsvollen Bewußtseinswandels.

1763 – also 30 Jahre bevor die Fanatiker der Französischen Revolution die Krypta verwüsteten und die vielen schmerzlichen Beschädigungen an den Portalen verursachten – begann das, was Etienne Houvet, durch Jahrzehnte der treueste und liebevollste Kustos der Kathedrale, »la dévastation du choeur« genannt hat.[38] Der *Chor* wurde im Sinne äußerer Prachtentfaltung *umgestaltet*. Der Lettner fiel, seine herrlichen Skulpturen wurden zerschlagen. Die Säulen wurden mit Marmor vortäuschendem Stuck überzogen und der prunkvolle *Hochaltar* aufgestellt. Und um eine effektvollere Beleuchtung zu erhalten, schlug man ungerührt acht der herrlichen Glasfenster im Hohen Chor heraus.

Das 19. und 20. Jahrhundert beschränkte sich dann auf eine meist sehr behutsame Erhaltung des Überkommenen. Nur die Krypta erfuhr durch Einbau von Kapellen und anderen Räumen eine ziemlich weitgehende Umgestaltung, die das ursprüngliche Bild nur noch ahnen läßt.

Um die Jahrhundertwende aber hat schon begonnen, was man »die Wiederentdeckung der Kathedrale« nennen kann. Auguste Rodin, der Künstler, Emile Mâle, der Gelehrte, und J.K. Huismans, der Mystiker – der Letztere freilich in phantastischer Weise – priesen ihre Herrlichkeit. Anfang der zwanziger Jahre hat dann Rudolf Steiner in vielen Vorträgen mit einer großen Wärme und Begeisterung zwar nicht über die Kathedrale, aber über die Schule von Chartres gesprochen. Damit wurde das Tor aufgestoßen zu der ganzen Welt, aus der heraus die Kathedrale erwachsen und aus der heraus allein ihr lebendiges Wesen zu verstehen ist.[39]

Was damals im 12. und 13. Jahrhundert in Chartres lebendig war, kann man mit einem Ausdruck Rudolf Steiners als die verglimmende Abendröte einer in fernen Vergangenheiten wurzelnden Geistigkeit empfinden. Vielleicht darf man doch das Wiederauftauchen dieser Welt in unserer Zeit als die Morgenröte eines neuen Weltentages empfinden. Der Tempel der Welt wird neu entdeckt. Der Tempel der Menschheit taucht wieder auf und wird neu gegründet.

ANHANG

Aus *Bernardus Silvestris:*
Über die Allumfassende Einheit der Welt[40]

Urania spricht:

»Du berichtest, Natura, des höchsten Gottes Beschlüsse,
Was durch den heiligen Geist Neues werden soll.
Gott will, der Mensch soll erstehen, sein Leib aus den Tiefen gebildet,
Von den Göttern der Geist ihm verliehen wird.
Ihre Vereinung gestalte das Werk und verleihe ihm Schönheit –
Gott will, es fehle an nichts dem Vollendeten.
Aus der Vermischung entstehe ein Rhythmus, ein Band aus dem Rhythmus,
Gott will, daß dieses Band Freundschaft heilige.
Daß es den Geist nicht verdrieße, die Finsternis zu bewohnen,
Er dann des Leibes Last auch ertragen kann.
Daß nicht der Geist den Gewalten der Erde zu sehr unterworfen,
Über das eigene Fleisch sich beklagen muß.
Ungleiches soll in Freundschaft zur Einheit sich völlig verbinden. –
Zu diesem kunstvollen Werk Du mich rufen sollst.
Nicht als Fremdling nahst Du, Natura, unserer Heimat –
Als Deine Schwester Noys mich geboren hat.
Doch nicht einerlei Art ist unser Geschlecht. Dich empfing die
Offenbare Natur – mich des Äthers Ort.
Mit den Himmlischen freue ich mich und mit den Sternen,
Und meine Pflichten ich hier schwer nur lassen kann.
Nun aber wird auf Erden der Mensch als ein Fremdling gestaltet,
Und der Abstieg dorthin mir nicht leicht sein wird.
Feuchter Schlamm, der irdischen Krume verhaftet, wohl unsern
Strahlenden Lichtesschein leicht verletzen kann.
Da jedoch dieses Werk aus den Urbildern nimmt seinen Ursprung,
Diese Reise wohl kaum abzulehnen ist.

An den Tempelstätten des höchsten göttlichen Geistes
Will dieser Aufgabe Pflicht ich genügen dann.
Höchstem Vorbild will in Form und Weise ich folgen.
Mich verleitet nicht leicht Unbesonnenheit.
Führen werd' ich den menschlichen Geist durch alle Gefilde
Der ätherischen Welt, daß er klüger sei
Als der Parzen Gesetz und das unüberwindliche Schicksal,
Und als des schwankenen Glücks Wechselfälle auch.
Was in den Willensentscheidungen frei sei, was notwendig und auch
Was dann als zweifelhaft anzusehen ist.
Wieviel der Mensch dann herauf sich rufe aus seinem Gedächtnis,
Was er im Geiste geschaut, als Erinnernder.
Mit seinem Geist, seiner Seele den Göttern, dem Himmel er folge,
Daß auch die Königin in ihm wohnen kann.
Welche Tugend die Sterne, wie groß der Reichtum des Himmels,
Welch' gewaltige Macht Sternen eigen ist –
Was vollbringen Sonne und Mond und die fünf Planeten,
Er empfinde es, wenn er den Leib bezieht.
Er empfange vom Himmel des Antlitzes Schönheit, der Seele
Zierde und auch den Grund edler Sittlichkeit.
Die Gesetze der Sterne sein Lebensalter bestimmen –
Letzter Entscheidung Weg er dann gehen muß.
Legt er den Körper dann ab, kehrt heim zu verwandten Gestirnen,
Wird er als Gott begrüßt von den Himmlischen.
So wird sein mein Wort, meine Rede voll aus der Wahrheit –
Sterne, das glaube mir, können lügen nicht.
Geh', Natura, voran, ich folge – wir werden nicht irren –
Dessen bin ich gewiß. Du sei Führerin!«

(2. Buch, IV.)

Noys spricht:

»Göttinnen, liebste Töchter! Vor aller Zeitläufe Schaffung
Habe erschaffen ich Euch; Eure Geburt ist mein Stolz.
Dies ist nun meines Begehrens Kern: Ihr seid jetzt gekommen
Zu dem bedeutendsten Teil meines beschlossenen Plans.
Wenn dem Weltkreis an Wesen und Formen eines noch fehlet,
Ende es Euere Hand, folgend nun unserem Geheiß.

Denn es scheinet mir schimpflich, daß unvollkommen geblieben,
Daß einen Mangel noch zeigt, was schon so schön ich erschuf.
Daß diese Sinneswelt als Abbild der höheren Welten,
Auch in jeglichem Teil, gänzlich vollendet sich zeig';
Als den Göttern verwandtes Bild und als heiliges Schlußglied,
Als meiner Schöpfungen Ziel soll nun erstehen der Mensch,
Wie er von Ewigkeit her, seit dem Urbeginne der Welten
Als eine hohe Idee würdig im Geiste mir lebt!
Geist empfängt er vom Himmel, den Leib aus den Elementen,
Erde bewohne sein Leib, aber den Himmel sein Geist.
Und zur Einheit mögen sich finden der Geist und der Körper,
Auf daß ein heiliges Band mache gefällig das Werk.
Göttlich er sei und irdisch zugleich, und er diene den beiden
Welten durch Einsicht; jedoch Göttern mit Religion.
Zwei Naturen wird er vermögend sein zu entsprechen,
Einstimmig wird er so mit seinen Ursprüngen sein:
Daß er das Göttliche pflege, die irdischen Dinge ergreife –
Zweifacher Sorge somit er sich befleißigen kann.
Mit den Himmlischen soll das Gut der Vernunft er sich teilen –
Nur ein geringes wird ihn trennen vom göttlichen Sein.
Zeigen die Tiere doch nur ein sinnlich dumpfes Empfinden,
Abwärts am Kopf ihnen hängt niedergebeuget ihr Maul.
Aber die Würde des Geistes allein durch die Haltung bezeugend,
Hebet sein heiliges Haupt auf zu den Sternen der Mensch,
Daß er des Himmels Gesetz, seine unbeirrte Bewegung
Nehme zum Vorbilde sich für seines Lebens Weg.
Göttliche Wesen, die Sterne, der Himmel sollen ihm sprechen,
Während die Lachesis selbst ihm ihren Ratschluß erteil'.
Lichtvoll werden ihm sein die im Dunkel verborgenen Gründe,
So daß vor ihm die Natur nichts zu verbergen vermag.
Räume der Luft, das in Nacht gefüllte Schweigen des Hades,
Weiten der Erde, des Pols Höhen, die Tiefen des Meeres,
Alles soll er erkennen. Woher der Wechsel der Dinge,
Sommers Glut und der Herbst, Frühling und Winters Frost,
Er wird sehen, woher der Sonne das Licht und des Mondes
Glanz, das Erbeben der Erd' sowie das Schwellen der Flut.
Wie in den langen Stunden des Sommers die Tage sich dehnen,
Wie sich die Nächte alsdann engen zu kürzerer Stund.

Ihm gehören die Elemente, ihm glühe das Feuer,
Sonne erglänze für ihn, Erde und Wasser sei sein.
Ihm spende Erde die Früchte, ihm nähre Woge die Fische,
Ihm die Alme das Vieh, sowie das Wild ihm der Wald.
Er regiere die Länder, den Weltkreis soll er beherrschen,
Allen gab ich den Fürst und auch den Priester zugleich.
Wenn aber einmal schwankt mit ersterbenden Pulsen am Ende
Seines leiblichen Heims niederstürzendes Werk,
Auf zu des Äthers Höhen, nicht unbekannt dort wie ein Fremdling,
Steiget empor dann der Mensch – eilet zum Ort seines Sterns.«

(2. Buch, X.)

ANMERKUNGEN

1 Vgl. dazu vor allem das Buch von Karl Heyer, Das Wunder von Chartres. Neuauflage Stuttgart 1956.

2 Otto von Simson, The Gothic Cathedral. New York 1956.

3 Übersetzt von Wilhelm Rath, Stuttgart 1966.

4 Zitiert nach Heyer, Das Wunder von Chartres.

5 Zitiert nach Jantzen, Die Kunst der Gotik, Hamburg 1957.

6 Fulbertus muß ihr Emporwachsen mindestens bis nahe zu ihrer Vollendung miterlebt haben. 1020 vernichtete eine Feuersbrunst die alte Kathedrale. 1024 berichtet Fulbertus schon die Vollendung der riesigen Krypta. Als er 1028 starb, muß der oberirdische Bau schon zu beträchtlicher Höhe emporgewachsen sein, denn 1030 zerstörte ein Brand den neuen Dachstuhl. 1037 fand dann die feierliche Einweihung statt.

7 In der Zeit der französischen Revolution wurde sie als Magazin benutzt.

8 An dieser Stelle hat man die ursprünglichen Fundamente gefunden. Von den Schwierigkeiten bei dem folgenden Umbau sprechen noch heute die Beschneidungen, die man auf der rechten Seite am Tympanon und Türsturz, auf der linken Seite am Strebepfeiler des Turmes vornehmen mußte, um den Breitenunterschied auszugleichen.

9 Die merkwürdige Tatsache, daß gegenüber der reichen Ausgestaltung des Nordturms der südliche nur bildlose Blattkapitäle zeigt, hängt vielleicht damit zusammen, daß unmittelbar vor dem Beginn der Arbeit an diesem im Jahre 1145 Bernhard von Clairvaux Chartres besuchte. Vielleicht übertrug er seine bekannte Bilderfeindlichkeit auf den mit ihm befreundeten Bischof von Chartres, Geoffrey de Leves.

10 Hans Jantzen, Kunst der Gotik. Hamburg 1957. S. 101. – Nicht nur im architektonisch-stilistischen Sinne, auf den Jantzen Bezug nimmt, bestehen Beziehungen zwischen den beiden Bauwerken. Auch Laon hat zweifellos eine in die alte keltisch-druidische Mysterien-Kultur zurückreichende Tradition. Darauf weisen die eigenartigen Stiere in den oberen Turmöffnungen hin. So könnte man denken, daß da ein Angehöriger einer der mannigfachen geheimen Bruderschaften, die die Verbindung mit der alten Mysterien-Tradition weiterpflegten, erst in Laon tätig war und dann nach Chartres hinüberwanderte, dort das große Werk seines Lebens zu vollbringen.

11 »Die Erbauer der klassischen Kathedralen benutzten eine der monumentalsten Signaturformen, um ihren Meisteranteil an dem erstellten Werk zu bekunden. Es ist die Form des in den Fußboden des Mittelschiffs eingelassenen ›Labyrinths‹. In Chartres nimmt es die ganze Breite des Mittelschiffs ein. ... Die Vorstellung geht auf das sagenhafte Labyrinth des Dädalus im Palaste des Minos auf Kreta zurück. Mit der Figur des Labyrinths wird auf Dädalus als den antiken Stammvater aller berühmten Architekten des Abendlandes hingewiesen. Die Figur wird gleichsam sein Attribut. ... Die in Reims und Amiens ehemals vorhandenen Labyrinthe ... enthielten (in den Eckfeldern oder in der Mittelplatte) die Namen der Baumeister. ... Möglicherweise enthielt die Mittelplatte des Labyrinths in Chartres ebenfalls die Namen der Architekten, doch ist uns unglücklicherweise nichts davon überliefert.« (Hans Jantzen, Kunst der Gotik. Hamburg 1957. S. 79f.) – Diese Labyrinthe hatten aber vor allem eine kultische Bedeutung. Sie stellten einen Pilgerweg dar. Wer sie so benutzen wollte, mußte auf den Knien, bestimmte Gebete sprechend, den Weg zum Mittelpunkt »gehen«. Man nannte das: »die Reise nach Jerusalem«. Was das bedeutete, ist unschwer zu verstehen, wenn man – nachdem heute die Stühle die Figur in der Kathedrale selbst verstellen – wenigstens auf der Nachzeichnung diesen Weg zu gehen unternimmt. Man beginnt damit, gerade auf das Ziel zuzugehen – aber sehr bald ist der Weg verstellt und biegt seitlich ab; wieder nähert man sich dem Mittelpunkt – aber unmittelbar davor wird man wieder angehalten, man

umkreist das Ziel halb, aber nur, um dann wieder ganz weit weg geführt zu werden. In dieser Weise geht es fort und fort unter immer neuen Hoffnungen und Enttäuschungen, bis man endlich fast wieder beim Ausgangspunkt angekommen ist – »war also alles umsonst?« –, nun aber nur noch ein paar »Schritte« fehlen, um wirklich anzukommen.

So bildet es im Äußeren ab und bringt zum Erlebnis die ganze innere Dramatik, die jeder kennt, der es unternimmt, sich übend auf einen inneren Weg zu begeben.

Über die Bedeutung des Weges nach innen vgl. das S. 40ff. und S. 64 Gesagte. Über die Bedeutung des Wortes »Jerusalem« vgl. das S. 74 Gesagte.

12 *Gurtbogen* nennt man den die einzelnen Gewölbejoche trennenden, also quer zur Hauptrichtung stehenden Bogen. *Schildbogen* heißt der Bogen, mit dem das Gewölbe auf die Außenwand trifft, während der Mittel- und Seitenschiffe trennende *Scheidbogen* heißt.

13 Sedlmayr, Die Entstehung der Kathedrale. O. J. (Zürich 1950).

14 Dies Letzte wird bezeichnenderweise gerade in den Fenstern besonders deutlich. Dort oben, in der Sphäre, wo alle Schwere überwunden ist, offenbaren sich schöpferische Kräfte in einer unwahrscheinlich anmutenden Fülle. Das Maß- und Gitterwerk der annähernd zweihundert Fenster und Rosen ist in einem so überwältigenden Formenreichtum gestaltet, daß nicht eines dem anderen auch nur ähnlich ist.

15 Zum Folgenden vgl.: G. Richter, Ideen zur Kunstgeschichte. Stuttgart, 6. Auflage 1976.

16 Etienne Houvet, Monographie de la Cathédrale de Chartres. Chartres, o. J.: »Der Name ›Königsportal‹ geht wahrscheinlich auf die Epoche seiner Erbauung zurück. Jedenfalls war er seit der ersten Hälfte des XIII. Jahrhunderts gebräuchlich, wie das Manuskript 1058 der Bibliothek von Chartres ausweist.«

17 Eine Skizze zum Verständnis der Fachausdrücke befindet sich am Schluß dieses Kapitels.

18 Vgl. zum Folgenden: E. Bock, Apokalypse. Stuttgart 1964, und des Verfassers »Ideen zur Kunstgeschichte« Kap. II.

19 Vgl. oben S. 29.

20 Wenn auch bis zur Beschädigung dieses Bildes durch die Bilderstürme der Französischen Revolution wohl Ochs und Esel ihre Köpfe über das Geschehen geneigt haben, so ergibt das keinen Widerspruch. Denn gerade dieses Motiv ist in seinem Ursprung ein mythisches Element.

21 Beim Aufbau dieses Portals ist dadurch, daß zwei Tierkreiszeichen vom linken Portal (Zwillinge und Fische) herübergenommen wurden, die ursprüngliche Ordnung gestört. Denkt man sich an ihrer Stelle die jetzt ganz rechts unten angebrachte Grammatica, dann hat man (von links aufsteigend) die richtige Reihenfolge wie oben angegeben. – Die Herübernahme dieser Tierkreiszeichen geschah aber nicht aus Verlegenheit oder »technischen« Gründen. Sie hat ihre innere Bedeutung. Sie sind auch, wie Marcel Aubert festgestellt hat (Le Portail Royal et la façade occidentale de la Cathédrale de Chartres, 1942), für den Platz, an dem sie sich befinden, gearbeitet, also nicht etwa nachträglich verwechselt worden.

22 Vgl. Karl Heyer, Das Wunder von Chartres.

23 Wenn auch der Begriff »Göttin Natura« erst später auftaucht, ist doch, was das verehrende Sinnen der Lehrer von Chartres umkreist, genau das, was mit diesem Begriff gemeint ist. – Man wolle aber die obige Darstellung nicht dahin mißverstehen, als solle Maria der Göttin Natura gleichgesetzt werden. Sie ist eher ihre Tochter (vgl. S. 58ff.).

24 Es sind seltsamerweise nur zehn. Sollten die beiden hier fehlenden hinübergewandert sein zum Mittelportal und jene beiden dort rechts und links der thronenden Apostel-Zwölfheit stehenden Gestalten sein? Ebenso wie die zwei Tierkreis- und Monatszeichen der Zwillinge und Fische hinübergewandert sind zum rechten Seitenportal? Und sollte damit zum Ausdruck gebracht werden, daß das Himmelfahrts-Ereignis in dem im Folgenden dargestellten Sinne alles andere durchdringe und mit seinem »Geschmack« tingiere?

25 Vgl. E. Bock, Die drei Jahre. Stuttgart 1964.

26 Dieser Engel selbst stammt aus der gleichen Zeit wie das Portail Royal. Die Sonnenuhr wurde ihm im 16. Jahr-

hundert in die Hand gegeben. Selbst wenn vielleicht die, die das taten, dabei kein Bewußtsein von dem Zusammenhang mit dem Himmelfahrts-Portal hatten, so würde das nur bedeuten, daß sie – wie es oft geschieht – unwissend etwas Großartiges ausgesprochen haben. (Bild 7)

27 Die Vorfahren Christi und die Propheten in den Archivolten sind 4 mal 18, also 72 Figuren. Damit hat man offenbar das Zahlengeheimnis in der Vorfahren-Reihe des Lukas-Evangeliums anklingen lassen und mit dem oben angedeuteten Gedanken vermählt.

28 Vielleicht aber auch die Dornenkrone. Als Leidender galt er als »Vorbild« Christi.

29 Die 2 mal 5 Darstellungen der »vita contemplativa« und »vita activa« der Maria sind von besonderer Schönheit und spiritueller Ausdruckskraft. Wenn auf der rechten Bogenhälfte in wunderbarer Sachlichkeit die Stufen des kontemplativen Lebens geschildert sind – sie nimmt das Buch, sie öffnet das Buch, sie liest, sie meditiert, sie wird vom Geist ergriffen – auf der linken Bogenhälfte die Tätigkeiten, die Stufen des Bereitens des Gewandes, der »Hülle«, dargestellt sind – sie wäscht, kämmt, kardelt, spinnt und strähnt die Wolle – so ist das nicht anekdotisch, sondern urbildlich zu verstehen. Es sind die »zwei Seiten« eines und desselben Vorgangs. Wenn die Seele wahrhaft kontemplativem, meditativ betendem, innerem Tätigsein hingegeben ist, wird damit etwas Objektives bewirkt: das Gewand, die Hülle, die »Leiblichkeit« wird geschaffen, in der das Göttlich-Geistige real sein kann. Das erste ist die hingebende, opfernde Tätigkeit des Menschen und wird deshalb exakt auf der rechten Seite dargestellt, wie die Opferung am Altar rechts geschieht. Das zweite ist etwas, was in Wahrheit schon ein Mitwirken, Hereinziehen höherer Mächte bedeutet, und steht deshalb exakt auf der linken Seite, wo am Altar die »Wandlung« geschieht.

Die Doppelheit der vita activa und der vita contemplativa hatte ursprünglich noch einen besonderen Akzent durch zwei im Jahre 1793 zerstörte Figuren der Vorhalle: Rachel und Lea, die im Mittelalter eben als Ausdruck dieser Doppelheit verstanden wurden.

30 Diese Anordnung ist ähnlich natürlich an vielen anderen Kathedralen und auch in gleichem Sinn. In der spirituellen Einheitlichkeit von Chartres wird die Bedeutung des Einzelnen im Gesamtgefüge nur evidenter als sonst irgendwo.

31 a.a.O. S. 28f., vgl. auch Anhang.

32 Wilhelm Meisters Wanderjahre, 2. Buch, 1. Kapitel.

33 Am ausführlichsten zuletzt Hans Sedlmayr in: Die Entstehung der Kathedrale. Zürich 1950. – Vor ihm Lothar Kitschelt in: Die frühchristliche Basilika als Darstellung des himmlischen Jerusalem. München 1938, und Alfred Stange, Das frühchristliche Kirchengebäude als Bild des Himmels. Köln 1950.

34 Die Fenster der Westfront stammen – ebenso wie das »Notre Dame de la belle verrière« genannte im südlichen Chorumgang – noch aus dem 12. Jahrhundert, alle übrigen aus dem 13. So herrlich auch diese sind, es ist doch erstaunlich, wie die Fähigkeit, die Farben zum Glühen zu bringen, in den wenigen Jahrzehnten nachgelassen hat.

35 Ob wirklich auch im Norden eine solche Galerie geplant war, ist fraglich. Dort sitzen in kleinen Nischen in Höhe der beginnenden Bogen 4 Könige. Sollte das vielleicht heißen: Noch ist ihre Zeit nicht gekommen? Erst »jenseits« des Kreuzes werden sie – wie in Goethes bedeutungsvollem »Märchen« – aufstehen und hervortreten?

36 Merlet, a.a.O. S. 72.

37 Auf den Plattformen über dem Nordportal liegen noch heute schon fertig zugehauene Steine.

38 Etienne Houvet, La Cathédrale de Chartres.

39 Abgesehen von dem hier wiederholt erwähnten Buche »Das Wunder von Chartres« von Dr. Karl Heyer (Stuttgart 1956) wurde das Wesen der Kathedrale von Chartres unter den geistesgeschichtlichen Perspektiven, die die Anthroposophie Rudolf Steiners eröffnet, auch von Dr. Albrecht Meyer in einem mit tiefer Liebe geschriebenen kleinen Führer dargestellt, den er während des Krieges herausgab.

40 Übersetzt von Wilhelm Rath. Mit freundlicher Genehmigung des J. Ch. Mellinger-Verlages Stuttgart.

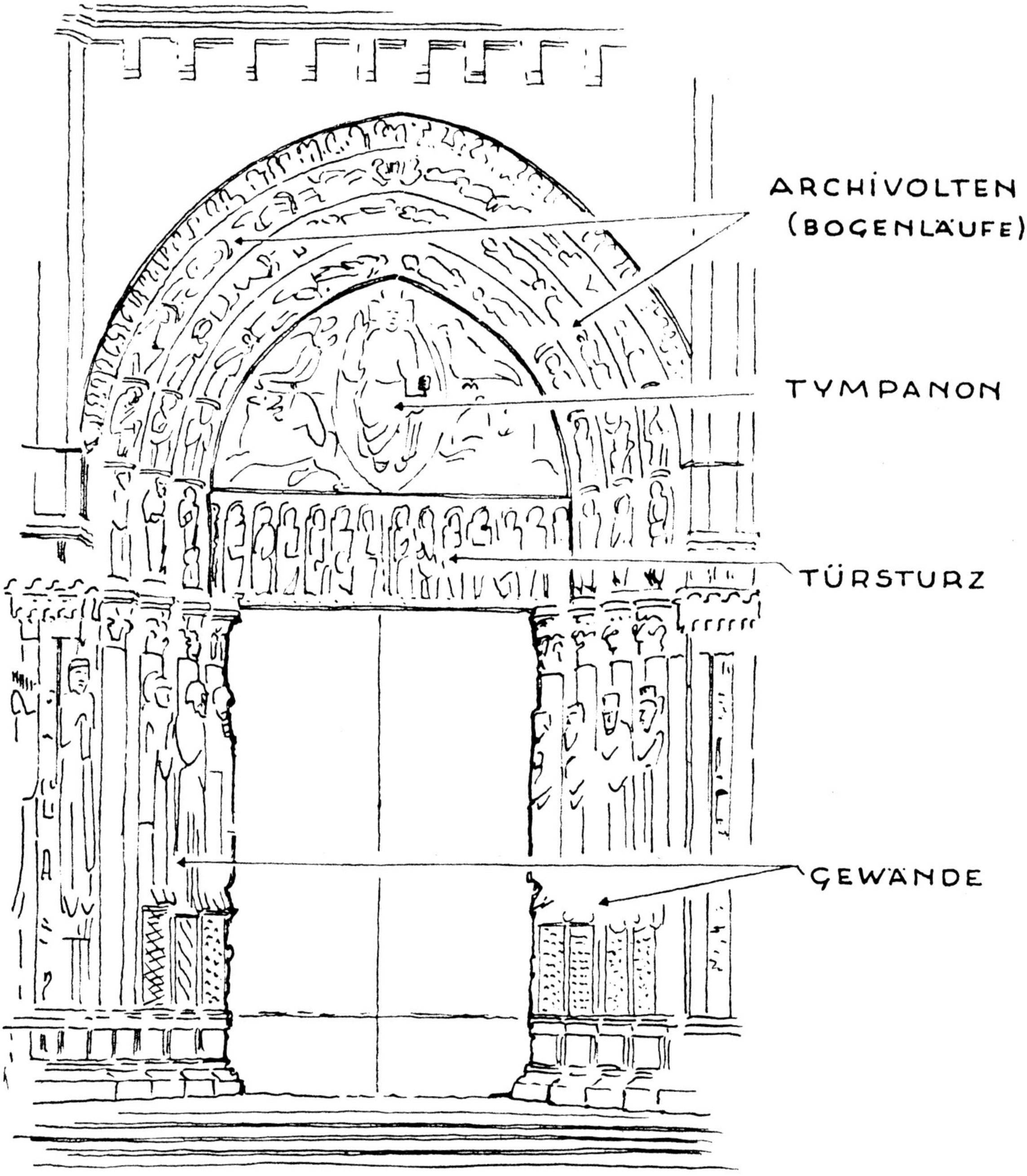

Fig. 7. Zur Erklärung der Fachausdrücke.

Bildquellen: Editions Photographiques Auguste Allemand, Orsay: 1, 2, 17, 23, 38; Photographie Girodon, Paris: 9, 75, 76; Hirmer Fotoarchiv, München: 13, 14, 15, 16, 18, 20, 21, 24, 28, 29, 30, 31, 32, 33, 36, 37, 39, 40, 41, 44, 47, 48, 49, 50, 53, 55, 56, 57, 59, 60, 61, 62, 64, 65, 67, 69, 70; Bildarchiv Foto Marburg, Marburg: 4, 12, 22, 25, 26, 27, 34, 42, 46, 58, 66, 68, 77, 78; Archiv des Autors: 3, 5, 6, 7, 8, 11, 19, 35, 43, 45, 51, 52, 54, 63, 71, 72, 73, 74, 79, 80.

IDEEN ZUR KUNSTGESCHICHTE

Von Gottfried Richter

6. erweiterte Auflage, 272 Seiten mit 79 Abbildungen und 13 Zeichnungen, Leinen

Dieses Buch will durch die Kunstgeschichte hindurch den Blick auf die innere Geschichte des Menschen lenken, die sich als Bewußtseinsentwicklung erweist. Damit ist nicht eine Veränderung im quantitativen Sinne gemeint, daß also der Mensch allmählich »mehr« Bewußtsein entfalte, sondern eine solche im qualitativen Sinne. Das Bewußtsein des Menschen geht durch Verwandlungen; es wächst organisch. Das heißt, es handelt sich dabei nicht um eine psychologisch zu begrenzende Erscheinung, sondern um einen viel tiefer greifenden Prozeß. Die Bewußtseinsentwicklung des Menschen ist Ausdruck und Folge geistleiblicher Vorgänge, Wesensverwandlung. War der Mensch einst befangen in einer durch geistige Schau bestimmten theokratischen Führung, so löste er sich von Stufe zu Stufe aus dieser Einbettung heraus, um immer mehr die Welt der Sinne gegenständlich zu ergreifen und sich als Einzelpersönlichkeit zu erleben. Eine alte, reiche Welt geht ihm dabei verloren, doch erringt er sich ein neues Erleben des Geistes aus der Freiheit.

Diese Entfaltung wird in überraschender Weise anschaubar in der Kunstgeschichte. Kunstwerke setzen voraus, daß ein Erlebnis über das nur Persönliche hinaus in das Menschheitliche erhöht ist. Deshalb haben sie die Fähigkeit, jeden Menschen anzurühren und ihn über sich hinaus zu erheben. Jedes Kunstwerk ist Zeichen, Hieroglyphe eines »menschlichen« Erlebnisses.

Dieses Buch möchte lehren, an den großen Kunstwerken abzulesen, wie die Menschen der verschiedenen Epochen sich selbst und die Welt erlebt haben. In diesem Sinne geht die Betrachtung von Ägypten und Mesopotamien über Kreta, Griechenland, Rom, das frühe Christentum, das Mittelalter, den Islam und die Geburt der Neuzeit, über Barock und Romantik bis in die Moderne. Es wird durch eine Kunstbetrachtung solcher Art nicht nur die Geschichte des Bewußtseins erschlossen, sondern zugleich erkannt, daß sich in ihr weit Größeres vollzieht.

Menschheitsgeschichte ist gleichermaßen Göttergeschichte. Der Weg des Menschen zu sich selbst erweist sich als der zu einer neuen Christusbegegnung. – So ergibt sich eine Kunstbetrachtung, für die gelten kann, was Goethe im Hinblick auf die Geschichte überhaupt sagt: »Das Beste, was wir von der Geschichte haben, ist der Enthusiasmus, den sie erregt.«

Inhalt: Vom Sinn der Geschichte. Kunstgeschichte als Biographie des Menschen. Architektur und Selbstbewußtsein. Vom Wesen der Ägyptischen Kunst. Zur Geschichte der Ägyptischen Kunst. Die Mission Griechenlands. Der Triumphbogen. Zur Kunstgeschichte des Mittelalters. Der romanische Dom. Die Geburt der Gotik. Die Kunst im Anbruch der Neuzeit. Vom Barock bis zur Moderne.

VERLAG URACHHAUS STUTTGART

Zur Kunst- und Geistesgeschichte Europas

GOTLAND

Ein geistesgeschichtlicher Quellort. Von Uwe Lemke
72 Seiten Text mit 12 Zeichnungen, 156 Tafeln, 1 Karte, Leinen

»In den vorzüglich wiedergegebenen Aufnahmen Uwe Lemkes ist eine Dokumentation geboten, die bisher fehlte.« *Westermanns Monatshefte*

»Der Bildteil zeigt auf ganzseitigen, durchweg hervorragend und vorzüglich reproduzierten Aufnahmen Kirchenbauten, Steinkreuze, Bildsteine, Holzplastiken und Fresken der ›Insel der hundert Kirchen‹.« *FAZ*

»Eine Fülle glänzender Fotos.« *Süddeutsche Zeitung*

MITHRAS-MYSTERIEN UND URCHRISTENTUM

Von Alfred Schütze
260 Seiten, 82 Tafeln, davon 15 farbig, 1 Karte, 11 Zeichnungen und 23 Abbildungen im Text, Leinen

»Ein stattlicher Band, den der Verlag mit über hundert, meist wenig bekannten Abbildungen sorgfältig ausgestattet hat ... Man wird Schütze darin beipflichten, daß Mithras am ehesten als Präfiguration der Erscheinung Christi zu verstehen ist.« *FAZ*

»Ein Standardwerk ... In der Reihe der großformatigen Kunstbildbände des Verlags eine auch dem heutigen Geschmack angepaßte Dokumentation und Untersuchung der mithräischen Zeugnisse und Kultgegenstände.« *dpa*

KARLSTEIN

Das Rätsel um die Burg Karls IV. Von Michael Eschborn
210 Seiten, 93 Tafeln, davon 6 farbig, 4 Zeichnungen, Leinen

»Solch eine detaillierte Darbietung hat es bis heute nicht gegeben. Dem Autor ist es gelungen, ein Bild zu entwerfen, das nicht nur den Kunsthistoriker befriedigen wird, sondern auch den Liebhaber spätmittelalterlicher Kunstwerke.« *Recklinghäuser Zeitung*

»Vor allem als Sakralburg des hohen Mittelalters sieht Eschborn die Burg Karlstein. Eine interessante Interpretation; zudem ein schön gedrucktes, sorgfältig ediertes Buch.« *Merian*

SCHWÄBISCHE ROMANIK

Baukunst und Plastik im württembergischen Raum. Ein Kapitel Kulturgeschichte in Bildern.
Von Emil Bock
4. Auflage, 320 Seiten, 56 Seiten Text, 369 Tafeln, 1 Karte, Leinen

»Man wird diesen Band als ausgezeichnete Ergänzung einer Landschaft ansehen. Die Aufnahmen sind auf dem neuesten Stand und geben ein umfassendes Bild.« *Süddeutscher Rundfunk*

»Das Buch ist eine wahre Fundgrube von Schätzen, von deren Existenz man nun Kenntnis durch das Anschauen der Bilder nehmen kann.« *Ministerpräsident Filbinger*

»Ein Kunstbildband jener heute seltenen Kategorie, die allein die Gegenstände für sich sprechen läßt.« *Westermanns Monatshefte*